Gerhard Lueg

Jedes Kind braucht einen Engel - ein ABC der Taufansprachen

Gerhard Lueg

Jedes Kind braucht einen Engel - ein ABC der Taufansprachen

26 Taufansprachen zum Kirchenjahr

Fromm Verlag

Imprint

Publisher:
Fromm Verlag
is a trademark of
International Book Market Service Ltd., member of OmniScriptum Publishing Group
17 Meldrum Street, Beau Bassin 71504, Mauritius

Printed at: see last page
ISBN: 978-613-8-34939-6

Inhaltsverzeichnis

1. Vorwort …..…………………………………………………..……... 4

2. ABC der Taufpredigten im Verlauf des Kirchenjahres

A. Wer frisch im Kopf ist, kann Wunder vollbringen! ………. 6
Hesekiel 36,25-29a (Zur Jahreslosung 2017 - Jahreswende)

B. Starke Nachkommen ……………………………………….. 11
Johannes 1, 14-18 (Epiphanias)

C. Von Taube und Eisbär ...…………………………………….. 17
Matthäus 3, 13-17 (1.Sonntag nach Epiphanias)

D. Richtig Gottesdienst feiern ………………………………. 22
(mit Anspiel ☺)
Amos 5,21-24 (Estomihi – Sonntag vor der Passionszeit)

E. Du stellst meine Füße auf weiten Raum ………………….. 28
Psalm 31,2-9b (1.Sonntag der Passionszeit- Invokavit)

F. Lotti Karotti – Wie man aus dem Loch wieder rauskommt .. 34
(mit Anspiel ☺)
Psalm 57 (6. Sonntag der Passionszeit- Palmsonntag)

G. Vom Horrortrip zur Hoffnungsgeschichte ……………….. 42
Römerbrief 6,3-5 (Tauferinnerung in der Osternacht)

H. Haste Töne?! ……………………………………………….. 48
(mit Anspiel ☺)
1.Samuel-Buch 16 (Kantate – 4. Sonntag nach Ostern)

I. Soll man einem Kind alle Bitten und Wünsche erfüllen?…. 54
(mit Anspiel ☺)
Lukas 11,5-13 (Sonntag Rogate)

J. Leben in einer anderen Welt - Pippi Langstrumpf ……… 62
Apostelgeschichte 2 (Pfingstsonntag)

K. Friede und Liebe als Erziehungsziele …………………… 68
(mit Anspiel ☺)
2. Korinther 13,11-13 (Trinitatis)

L. Fair Play in der Familie ………………………………….. 76
Psalm 119 (1. Sonntag nach Trinitatis)

M. Gott baut ein lebendiges Haus ………………………… 82
(mit Anspiel ☺)
Epheser 2,19-22 (2.Sonntag nach Trinitatis)

N. Wenn´s brenzlig wird! ………………………………… 88
1.Timotheus 1,15-17 (3. Sonntag nach Trinitatis)

O. Wer nichts wagt, der nichts gewinnt ..…………………… 93
(mit Anspiel ☺)
1.Mose 12,1-4a (5. Sonntag nach Trinitatis)

P. Grille und Ameise – Lob der Faulheit und des Fleißes
……………………………………………………………….. 99
Mt 6,25 und Sprüche Salomo 6,6-11 (6. Sonntag nach Trinitatis)

Q. Kosten vom Brot des Lebens …………………………….. 105
Johannes 6,27 und 33-36 (7. Sonntag nach Trinitatis)

R. Auf Fels gebaut .………………………………………… 110
Matthäus 5-7 (Bergpredigt) und Matthäus 7,24-27
(9. So. nach Trinitatis)

S. Auf die Beine kommen ……………………………………115
Apostelgeschichte 3,1-10 (12. Sonntag nach Trinitatis)

T. (Über-) Leben in der Welt des Wettbewerbs 121
2. Timotheus 1,7 (16. Sonntag nach Trinitatis)

U. Ich bin on – Gott ist on 124
Das Vaterunser (Matt. 6,9ff und Luthers Lied EG 344)
und die Zehn Gebote (2.Mose 20 und Luthers Lied EG 231)
(18. Sonntag nach Trinitatis)

V. Bitte beachten sie die Packungsbeilage! 129
Jakobusbrief 5,13-18 (19.Sonntag nach Trinitatis)

W. Gut gerüstet fürs Leben 135
Epheser 6,10-17 (21. Sonntag nach Trinitatis)

X. Jedes Kind braucht einen Engel 141
Symbolpredigt zum „Engel“ – einsetzbar an jedem Sonntag
(Oder: 1.Korintherbrief 13,4-8a -
Estomihi - Sonntag vor der Passionszeit)

Y. Der Fisch – ein Erkennungszeichen für Christen 146
(mit Anspiel)
Symbolpredigt zum „Fisch“ – einsetzbar an jedem Sonntag
(Oder: Lukas 5,1-11 – 5. Sonntag nach Trinitatis)

Z. Wasser hat Kraft! 152
Symbolpredigt zum „Wasser“ – einsetzbar an jedem Sonntag
(Oder: Apostelgeschichte 8,26-29 - 6.Sonntag nach Trinitatis)

3. Liste empfohlener Taufsprüche 157

4. Abkürzungsverzeichnis 161

5. Literaturverzeichnis 162

1. Vorwort

Dieser Band enthält 26 Taufansprachen, teilweise mit dazugehörigen kleinen Anspielen für Handpuppen. 26 Mal das gleiche Thema der Gemeinde näherbringen, ohne sich zu wiederholen, ist eine spannende Aufgabe. Sie kann gelingen, wenn man die Taufansprachen nicht auf die reine Tauffamilie zuschneidet sondern die ganze Gemeinde mit im Blick hat. Daher habe ich versucht, den Predigttext des jeweiligen Sonntags als Ausgangspunkt für meine Überlegungen zur Taufe zu nehmen.

Heute differieren Taufsprüche recht wenig. Die meisten Eltern finden Psalm 91,11 gut, weil dort vom schützenden Engel die Rede ist. Danach folgt in der Rangfolge der beliebten Taufsprüche das Wort aus Josua 1,7, meistens in einer modernen Übersetzung: „Sei mutig und entschlossen. Dann wirst du bei allem, was du tust, Erfolg haben.“[1] Solch ein Taufspruch passt in eine sich immer mehr selbst optimierende Welt, die dem Erfolg im Leben huldigt. Doch man kann nicht immer über das gleiche Thema wie Engel oder Erfolg im Leben sprechen. Da gibt es noch mehr Aspekte, die die Taufe, das grundlegende Sakrament der Christenheit, ausmachen und die zur Sprache gebracht werden müssen.

Das versucht dieses ABC der Taufansprachen zu leisten. Mit dem ABC ist eine einfache Gliederung des Inhaltsverzeichnisses gemeint, so dass hier kein ABC des Verfassens von Taufansprachen vorgelegt wird. Dennoch können sich Kolleginnen und Kollegen im Pfarramt bei den verwendeten Beispielen und Texten Anregungen für eigene Taufansprachen holen und sie in den Kontext des jeweiligen Sonntages im Kirchenjahr einfügen. Die Buchstaben X-Z bieten drei Symbolpredigten, die man zu jedem Sonntag des Kirchenjahres einsetzen kann.

[1] Übersetzung von Josua 1,7 nach der Bibel „Hoffnung für alle“. Gerne wird auch der Vers Josua 1,9 genommen, der fast gleichlautend ist.

Eltern und Großeltern hingegen werden diese Taufansprachen hoffentlich anregen, nicht nur Psalm 91,11 oder Josua 1,7 als Taufsprüche für ihren Nachwuchs zu wählen. Dazu ist jeder Taufpredigt ein empfohlener Taufspruch vorangestellt worden. Eine Übersicht am Ende des Buches hilft bei der Auswahl.

Alle verwendeten Bibelstellen habe ich, wenn nicht anders vermerkt, selbst aus den Ursprachen übersetzt und für Interessierte mit einigen Anmerkungen versehen. Dem Fromm-Verlag danke ich für die Aufnahme dieses Bandes in seine Publikationen. Gewidmet sei dieses Buch all den Täuflingen und Familien, die ich in den zurückliegenden Jahren begleiten durfte.

Bad Arolsen im Herbst 2018 Gerhard Lueg

A.

Wer frisch im Kopf ist, kann Wunder vollbringen!

Ezechiel 36, 25 bis 29a (Jahreslosung 2017 – Jahreswende)

Empfohlener Taufspruch: *Gott spricht: „Ich will euch ein neues Herz schenken und euer Innenleben mit neuer Geisteskraft ausstatten*[2]*." (Hesekiel 36,26)*

Vielleicht haben sie in der Werbung schon einmal folgenden Spot[3] gesehen: Da liegt ein kleiner Hase auf dem Schultisch und scheint zu sterben. Die Schulkinder stehen drum herum und sagen zu ihrem Lehrer: „Herr Berg! Irgendetwas stimmt mit Hasi nicht!" Der Lehrer etwas geistesabwesend antwortet nur: „Macht nichts, ich habe die Quittung noch!" Worauf ihn die Kinder völlig entgeistert anschauen, weil ihr Lehrer die Notsituation des kleinen Hasen überhaupt nicht verstanden hat.

Dann wechselt das Bild und der Film beginnt nochmals von vorne. Wieder liegt der kleine Hase zappelnd auf dem Tisch und die Kinder machen ihren Lehrer darauf aufmerksam: „Herr, Berg! Irgendetwas stimmt mit Hasi nicht!" Doch diesmal trinkt der Lehrer gerade das angepriesene Mineralwasser. Er versteht jetzt sofort, was los ist. Der kleine Hase braucht seine Hilfe. Der Lehrer springt von seinem Stuhl auf, holt sich zwei aufgeblasene Luftballons aus der Klasse, lädt diese durch Reiben an seinem Haar elektrisch auf und hält die Luftballons

---

[2] Zweimal steht hier im Urtext das nüchtern klingende Wort „נתן/natan=geben", was ich einmal mit dem Verb „schenken" und einmal mit dem Verb „ausstatten" übersetzt habe, um den Kontext der Geistbegabung mehr zum Ausdruck zu bringen.

[3] „Irgendetwas stimmt mit Hasi nicht - Immer frisch im Kopf ViO" - YouTube

an den kleinen Hasen. Er bekommt einen Elektroschock und steht wieder auf seinen Füßchen. Die Kinder jubeln laut: „Herr Berg, sie haben Hasi gerettet." Darauf erscheint der Werbeslogan für dieses Mineralwasser: „Weil nicht nur der Körper, sondern auch der Kopf ausreichend Wasser braucht. Immer frisch im Kopf - Vio!"

Mich hat dieser lustige und gut gemachte Werbespot an den Propheten Hesekiel erinnert. Bei Hesekiel sind wir Zeuge einer Audition, wo Gott zum Propheten spricht und ihm sagt: *„Mein Volk ist nicht mehr ganz frisch im Kopf! So wie die sich verhalten, machen sie alles nur noch schlimmer. Ihr Tun verunreinigt das ganze Land, sie dienen falschen Götzen, sie glauben mit Betrug durchs Leben zu kommen. Ich bin sehr böse auf sie, aber sie ändern sich nicht, selbst wenn ich sie bestrafe. Da muss etwas grundlegend anderes geschehen, damit mein Name, der Name Gottes, nicht in den Dreck gezogen wird. Ich will frisches Wasser über sie ausgießen, damit sie rein werden."*

Wie in unserem Werbespot für das Mineralwasser geschieht ein kleines Wunder. Die Menschen werden frisch im Kopf, mehr noch, Gott schenkt ihnen ein neues Herz und legt einen neuen Geist in sie hinein. Sie wirken nicht mehr wie versteinert, unfähig sich selbst und andere wahrzunehmen. Nein, jetzt schlägt ihr Herz warm und gleichmäßig, sie haben Gefühle, können wieder lachen und weinen, sehen das Glück, dass ihnen gegeben wurde, sehen das Leid, dass ihnen oder anderen zugefügt wurde. Von diesem warmen Herzen geben sie weiter, was sie bekommen haben, ganz ähnlich wie es ein weiterer Werbespruch des erwähnten Mineralwassers behauptet. Er lautet: *„Wer leicht mineralisiert, kann schwer begeistern!"*[4]

Ja, wer von Gott mit reinem Wasser begossen wurde, hat einen neuen Geist in sich, der den Geboten und guten Weisungen Gottes folgt und sie nicht mehr als Belastung sieht.

---

[4] Siehe unter: ViO. Erfrischend natürlich. *www.vio.de/de/wasser/*

Davon spricht ein Taufgedicht von Wilhelm Wilms, der als katholischer Priester neue geistliche Lieder geschrieben hat:

taufe oder mit allen wassern gewaschen[5]

wir möchten nicht
daß unser kind
mit allen Wassern gewaschen wird

wir möchten
daß es
mit dem wasser der gerechtigkeit
mit dem wasser der barmherzigkeit
mit dem wasser der liebe und des friedens
reingewaschen wird

wir möchten
daß unser kind
mit dem wasser
christlichen geistes
gewaschen
übergossen
beeinflußt
getauft
wird

wir möchten selbst das klare lebendige wasser
für unser kind werden und sein
jeden tag
wir möchten auch daß seine paten
klares kostbares lebendiges wasser
für unser kind werden

---

[5] Aus: Wilhelm Willms, Mitgift* eine Gabe, mitgegeben in die Ehe © 1996 Butzon & Bercker GmbH, Kevelaer, 10. Aufl., S.45, www.bube.de

Wilhelm Wilms beschreibt mit seinem Gedicht, was uns der Text aus dem Prophetenbuch des Hesekiel nahe bringen will. Wie kann man als Mensch im Kopf frisch werden? Wie kann man aufmerksam sein, in schwierigen Situationen angemessen handeln und verhindern, dass man sich selbst und anderen schadet? Indem man sich taufen lässt. Taufen mit Wasser. Taufen mit dem Wasser des göttlichen Geistes, taufen mit dem Wasser der Gerechtigkeit, der Barmherzigkeit, der Liebe und des Friedens.

So sollen unsere Kinder von Beginn an gewaschen, übergossen, beeinflusst und getauft sein. Nicht mit allen Wassern sollen sie gewaschen sein. Dann würden aus ihnen gerissene Leute, die andere betrügen und hintergehen. Die später vielleicht an den Weltmärkten skrupellos ihre Gewinne machen, ohne auf die Folgen für ihre Mitmenschen zu achten. Die durch ihr Tun das Land verwüsten und nur für sich noch ein kleines Paradies bauen wollen.

So sollen unsere Kinder nicht werden. Sie sollen frisch im Kopf bleiben. Aufmerksam und reaktionsfähig, bereit sich für den Frieden in der Schule, in der Familie, am Arbeitsplatz, in der Gesellschaft einzusetzen. Barmherzig, weil sie dann in schwierigen Zeiten Barmherzigkeit erfahren werden. Gerecht, weil sie darauf vertrauen, dass genug für alle da ist und teilen reich machen kann. Der Glaube soll in ihnen wachsen, wie er in uns schon gewachsen ist. Denn wir vertrauen darauf, dass das Wasser der Taufe uns im Kopf und in der Seele frisch hält. Auch wir suchen nach Gerechtigkeit als Maßstab für unser tägliches Handeln. Auch wir brauchen Barmherzigkeit, damit wir mit den eigenen und den Fehlern anderer behutsam umgehen können. Auch wir streben nach Frieden, weil er die Voraussetzung für menschliches Zusammenleben ist. Darin dürfen wir als Eltern und Paten und Gemeinde unseren Kindern Vorbilder sein. Daher spricht zuletzt Wilhelm Wilms in seinem Taufgedicht nicht nur an Eltern und Paten, sondern uns als ganze Gemeinde an. Damit will ich enden:

wir hoffen und glauben
daß auch unsere gemeinde in der wir leben
und daß die kirche zu der wir gehören
für unser kind das klare kostbare
lebendige wasser
der gerechtigkeit
der barmherzigkeit
der liebe und des friedens ist

wir möchten
und hoffen
daß unser kind das klima
des evangeliums findet
wir möchten nicht
daß unser Kind mit allen wassern
gewaschen wird

deshalb
in diesem bewusstsein
in dieser hoffnung
in diesem glauben
tragen wir unser kind
zur kirche
um es der kirche
der gemeinde zu sagen
was wir erwarten
für unser kind
was wir hoffen
für unser kind

wir erwarten viel
wir hoffen viel

B.

Starke Nachkommen

Johannesevangelium 1,14-18 (Epiphanias)

Empfohlener Taufspruch: *Denn aus seiner Fülle haben wir alle genommen Gnade um Gnade. (Johannes 1,16)*

Starke Nachkommen, dass wünschen wir uns alle, wenn wir neues Leben in unserer Mitte empfangen. Wir haben schon unsere Vorstellungen im Kopf, wie unsere Kinder werden sollen. Früher war das noch viel strenger. Da musste wenigsten eins der Kinder ein Junge sein, damit der Familienname und die Familientradition aufrechterhalten wird. Oft war es klar gegliedert. Der erste Junge gehörte der Kirche, der zweite sollte der Hoferbe werden, der dritte ein gutes Handwerk lernen. Und die Mädchen wusste man gut zu verheiraten.

Heute hat sich das sehr gewandelt, weil wir uns überhaupt über Nachkommenschaft freuen und gespannt sind, wer da auf die Welt kommt. Egal, ob es ein Junge oder ein Mädchen ist, Hauptsache gesund und munter. Dennoch verbindet man insgeheim bestimmte Vorstellungen mit dem Heranwachsen des Kindes. Es soll gut gefördert werden, möglichst gut in der Schule sein, später aufs Gymnasium gehen, damit ihm alle Wege offen stehen. Vielleicht soll es sogar einmal das eigene Geschäft übernehmen. Eh wir uns versehen, sind uns die eigenen Kinder über den Kopf gewachsen, beherrschen Techniken, die uns fremd erscheinen, haben ein Wissen, das wir uns nicht mehr aneignen können. Starke Nachkommen, das ist es, was wir uns bei der Geburt eines Kindes wünschen, selbst wenn wir hinterher erleben müssen, wie sie uns längst überholt haben und das Leben in ihrem Sinn in Angriff nehmen.

Kein Wunder, dass die Pisa-Studie in aller Munde ist und nach vielen Jahren erste Erfolge in der verbesserten Ausbildung unserer Kinder gemeldet werden. Die Noten sind im europäischen Vergleich besser geworden, unsere Nachkommen haben sichtbar an Stärke zugelegt.

Doch fragt man einmal die Kinder selbst, wie es der Sprecher von Unicef, Rudi Tarneden, jüngst getan hat, dann erfahren wir, was unseren Kindern wichtig und wert ist und worin sie die Stärke ihrer Familie sehen.[6] Ganz vorne stehen bei unseren Kindern die Werte wie „Geborgenheit“ und „Vertrauen“. Die haben gegenüber den Vorgängeruntersuchungen sogar noch an Bedeutung gewonnen. Das gilt auch für den Wert „Respekt“. Kinder wollen in ihrer Meinung respektiert werden und gehört werden. Wenn sie diesen Respekt erfahren, sind sie bereit, anderen Respekt entgegen zu bringen wie z.B. den Großeltern. Dreiviertel der befragten Kinder sind willens, sich für andere einzusetzen, denen es nicht so gut geht wie ihnen. Auch das sind Stärken unserer Kinder, die zwar nicht in der Pisa-Studie stehen, die sie aber lebensfähig machen und auf die wir stolz sein können.

Starke Nachkommen, das ist heute auch das Thema unseres Bibeltextes zum Erscheinungsfest des Herrn, also zum alten Weihnachtsfest der Christenheit am 6. Januar. In unserem Bibelwort aus dem Johannesevangelium erfahren wir etwas von dieser Nachkommenschaft, die uns überflügeln wird. Da tritt Johannes der Täufer als Zeuge für Jesus auf. Eigentlich ist Johannes selbst eine unglaublich starke Figur. An anderer Stelle wird er als großer Prophet beschrieben, der in der Wüste nur für Gott lebt und die Menschen zur heilsamen Umkehr von verkehrten Wegen aufruft. Johannes verzichtet auf die Symbole der äußeren Stärke. Er fährt keinen großen Wagen, er besitzt keine Villa oder ein Feriendomizil in Italien, er hat kein geheimes Bankkonto in der Schweiz, um dort Millionenbeträge am Fiskus vorbei zu parken. Äußerlich gesehen ist Johannes eine armselige Gestalt, lebt nur von wildem Honig und hat ein Kamelhaarumhang an. Wir würden ihn für einen Obdachlosen halten.

---

[6] GEOlino-Kinderwerte-Monitor 2010: „Vertrauen“ und „Respekt“ - Unicef *https://www.unicef.de › Informieren › Aktuelles › Presse*

Aber Johannes ist nicht ohne Obdach. Er hat eine innere Stärke entwickelt, die ihm eine feste Behausung gibt. Er hat das Vertrauen gefunden, nicht allein in dieser Welt zu sein. Er glaubt fest daran, dass Gott eingreifen wird und uns Menschen nicht los lässt. Deshalb ruft er, mitunter mit sehr drastischen Worten, die Menschen zum Sinneswandel auf. Eine Taufe ohne Verhaltensänderung lehnt er strikt ab. Zu frommen Leuten, die nur fromm reden aber nicht handeln, sagt er deutlich: „Ihr Schlangen! Wie kommt ihr darauf, dass ihr dem bevorstehenden Gericht Gottes entgeht? Zeigt durch euer Verhalten, dass ihr euer Leben wirklich ändern wollt. Nur dann macht die Taufe mit Wasser überhaupt einen Sinn.“[7]

Starke Worte von einem innerlich starken Menschen. Und dennoch spricht Johannes in allen Evangelien von einem, der ihn noch übertreffen wird. Er kündigt einen starken Nachkommen seiner Person an. Johannes sagt: „Ich taufe euch mit Wasser, denn ihr wollt euer Leben ändern. Aber nach mir kommt einer, der ist mächtiger als ich. Und ich bin nicht einmal wert, ihm die Sandalen auszuziehen: Er wird euch mit Heiligem Geist und mit Feuer taufen.“[8]

Die Rede ist von Jesus aus Nazareth, seinem Cousin. Widerstrebend hat Johannes ihn später selbst im Fluss Jordan getauft. Dieser Jesus ist sein starker Nachkomme. Er ist ihm voraus. Das Johannesevangelium hält dafür eine Begründung bereit. Jesus sei Johannes voraus, weil er vor ihm da war. Für Johannes ist Jesus das Wort, das schon bei der Erschaffung der Welt gewirkt hat. Für Johannes ist Jesus das fleischgewordene Wort Gottes. Das ist die unglaubliche Stärke dieses Jesus, der ihn zum starken Nachkommen werden lässt. So lesen wir im heutigen Predigttext aus dem Johannesevangelium über Jesus und Johannes folgendes:

---

[7] Vergleiche dazu Matthäusevangelium 3,7 ff.

[8] Siehe zu dieser Umschreibung der Johannesrede Johannesevangelium 1,26+27 und Vers 33.

14 Und das (ewige)Wort[9] *wurde ein sichtbarer Mensch mit Haut und Haaren*[10] *und schlug sein Zelt unter uns auf*[11]*, und wir haben seine Ausstrahlung*[12] *wahrgenommen, eine Herrlichkeit als des Einziggeborenen (Sohnes) vom Vater, ganz ausgefüllt mit Gnade und Wahrheit.*[13] *15 Johannes gibt (bis heute) ein Zeugnis von ihm und ruft*[14]*: Dieser war es, über den ich gesagt habe: Der nach mir kommt, ist vor mir gewesen; denn er war Erster vor mir. 16 Denn aus seiner Fülle haben wir alle genommen Gnade um Gnade.*[15]

---

[9] Hier ist nicht an beliebiges Wort gedacht, sondern Johannes beschreibt nach Kapitel 1,1 hier das Wort, das im Anfang der Schöpfung war und das die Ursache der Schöpfung ist. Damit steht es als Begründung dem zeitlichen Geschöpf gegenüber und ist ewig.

[10] Im Urtext steht nur das Wort „sarx/σαρξ", was Fleisch bedeutet. Somit ist auf die Inkarnation des ewigen Wortes in diese vergängliche Welt hingewiesen worden.

[11] Das hier verwendete Wort „skänoo/σκηνοω" meint im ursprünglichen Sinn „ein Zelt aufschlagen".

[12] Das Wort „doxa/δοξα" meint den Glanz und Schein einer Sache, aber gerade auch den Abglanz von Gott sowie den Ruhm, das hohe Ansehen und die Ehre einer Person. Siehe dazu Bauer, Wörterbuch zum Neuen Testament, Berlin, New York 1971, Sp.403 und 404. Ulrich Wilkens schreibt in seinem Johanneskommentar dazu: „Es gibt keinen biblischen Begriff, der so ganz das „Wesen" Gottes ausdrückt, wie das Wort „Herrlichkeit". Daß Gottes Herrlichkeit als strahlendes Licht erfahren und beschrieben wird, zeigt, daß es zum Wesen Gottes gehört, daß er nicht in sich abgeschlossen ist, sondern daß er sich selbst ausstrahlt. Er ist Gott, indem er sich mitteilt." Das Evangelium nach Johannes, übersetzt und erklärt von Ulrich Wilkens, 17.Aufl. Göttingen 1998, S.34

[13] Die Übersetzung „Gute Nachricht" umschreibt diese knapp gefasste Aussage folgendermaßen: „In ihm hat Gott uns seine ganze Güte und Treue gezeigt."

[14] Das Wort „ματυρει/matyrei= bezeugen" steht hier bewusst im Präsens und will die andauernde Bedeutung des Johanneszeugnisses hervorheben. Daher ist das folgende Wort „κεκραγεν/kekragen=rufen", das im Perfekt steht, auch mit einer präsentischen Bedeutung des Andauerns bis in die Gegenwart zu versehen. Johannes, der Täufer, ruft uns heute noch diese Botschaft zu.

[15] Die Gute Nachricht-Übersetzung überträgt hier moderner: „Aus seinem Reichtum hat er uns alle beschenkt, er hat uns mit Güte überschüttet." Damit umschreibt sie das für uns etwas altertümliche Wort „Gnade" mit den Begriffen „beschenken" und „Güte".

17 Denn das Gesetz wurde durch Mose gegeben; die Gnade und Wahrheit (als Erfüllung des Gesetzes) kamen durch Jesus Christus. 18 Keiner hat Gott jemals gesehen; der Einziggeborene[16], Gott(gleich)[17], der an der Brust des Vaters ruht, jener hat uns (über Gott) Bericht erstattet.

Mit diesem Jesus hat Gott nicht nur heiße Luft gesprochen und uns Menschen Honig um den Mund geschmiert. Gott redet nicht nur von Heil und Frieden, er lässt diese Worte Gestalt werden in dem Menschen Jesus. Mit seiner Stimme hören wir Gott, den Unnahbaren und Unaussprechlichen, selbst sprechen und sehen ihn handeln. Deshalb sagt Johannes, dass wir aus seiner Fülle Gnade um Gnade genommen haben, wie aus einem Brunnen, der frisches Wasser enthält und uns lebendig macht. Dieser Jesus ist deshalb ein starker Nachkomme, weil er sogar den Propheten Mose noch übertrifft, der doch als einziger vom Volk Gott nahe treten durfte. Jesus ist noch mehr als Mose, denn er hat Gott selbst gesehen, so nah wie nur Kinder ihre Eltern sehen und erleben können.

---

[16] Einige wichtige Handschriften des griechischen Urtextes fügen hier noch das Wort „ὑιος/hyios =Sohn“ hinzu.

[17] Hier steht völlig unverbunden mit dem restlichen Text, quasi als Apposition und damit als Erklärung von „einziggeboren“ das Wort „θεος/Theos=Gott“. Ulrich Wilkens schreibt dazu: „In der handschriftlichen Überlieferung des Textes zeigen sich unterschiedliche Lesarten: 1. „(der) einzig-eine Gott“ – 2. „der einzig-eine Sohn“ – 3. „(der) Einzig-eine“. Alle drei Lesarten laufen auf den gleichen Sinn der Aussage hinaus: Der „Einzig-eine (Sohn)“ ist Jesus, indem er selbst Gott ist (1,1).“ An gleicher Stelle fügt Wilkens hinzu: „Er ist der einzige, der von Uranfang her Gott so unmittelbar nah und so innig verbunden ist, daß er Gott immer schaut.“ Damit ist der theologische Grundsatz Israels gewahrt, dass Gott letztlich niemand erblicken kann, weil die menschliche Natur dazu von sich aus nicht fähig ist. Doch Jesus, der wie ein auf den Knien des Vaters spielendes Kind Gott ganz nah ist, wird zum alleinigen Offenbarer des göttlichen Wesens. Siehe dazu U. Wilkens, Das Evangelium nach Johannes, a.a.O. S. 36. Genial übersetzt unsere Stelle die „Gute Nachricht“ folgendermaßen: „Nur der einzige Sohn, der ganz eng mit dem Vater verbunden ist, hat uns gezeigt, wer Gott ist.“

Er hat wie ein kleines Kind an der Brust des himmlischen Vaters geruht. Darin liegt seine unvergleichliche Stärke. Äußerlich gesehen hat er verloren. Wie ein Verbrecher wurde er später hingerichtet, als Gotteslästerer wurde er zum Tode verurteilt. In den Augen der Mächtigen war er ein Störenfried, seine eigene Familie hielt in lange Zeit für übergeschnappt. Aber viele andere haben seine innere Stärke erkannt, das Vertrauen, das er zu Gott als seinem himmlischen Vater hatte. Dieses Vertrauen hat ihn stark gemacht. Er hat dieses Vertrauen nicht für sich behalten. Er hat diesen Respekt vor Gott weitergereicht an andere, deren Leben längst halt- und ziellos geworden war. Jesus hat etwas von dieser Herrlichkeit wiedergespiegelt, die dem Schöpfer zugeschrieben wird, die aber zugleich auch den Kindern als Spiegelbild des Schöpfers gilt. Eine Herrlichkeit, die wir immer wieder empfinden, wenn wir selbst neues Leben in unseren Händen halten dürfen.

Eine Herrlichkeit, die uns dann im Getriebe des Alltags verloren geht, die wir oft vermissen und durch äußere Stärke zu ersetzen versuchen. Eine Herrlichkeit, die manchmal mit Kraftmeierei verwechselt wird, wo wir andere durch unser Können, durch unser Wissen, durch unsere Stellung beeindrucken wollen.

Darin lag die Stärke Jesu nicht, sondern seine Herrlichkeit kündete von einem Gott, der sein Wort hält, der sich einmischt, Mensch wird, das Verlorene sucht, das Kranke heilt und stellvertretend leidet am Zustand unserer Welt. Der eben wie gute Eltern handelt, die sich für ihre Kinder einsetzen, damit aus ihnen mal etwas wird. So kommen starke Nachkommen heraus, wo das Vertrauen ins Leben weitergereicht werden kann.

C.

Von Taube und Eisbär

Matthäus 3,13-17 (1.Sonntag nach Epiphanias)

Empfohlener Taufspruch: Jesus spricht zu Johannes dem Täufer bei seiner eigenen Taufe: *„Lass es jetzt zu! Denn das ist der Weg, den Gott zu unserem Heil gehen will.“*

Zwei Tiere spielen heute im Gottesdienst eine wichtige Rolle. Das erste ist in der Kirche sehr bekannt und in unserer Kirche direkt unter der Decke zu sehen. Es ist eine Taube. Sie erschien als Zeichen für den Heiligen Geist, als Jesus selbst durch Johannes im Fluss Jordan getauft wurde. Davon hören wir zu Beginn des Matthäusevangeliums. Der Evangelist schreibt:

13 Damals kam Jesus aus Galiläa an den Jordan zu Johannes, um sich von ihm taufen zu lassen. 14 Aber Johannes versuchte ihn energisch davon abzuhalten[18] *und sprach: Ich müsste eigentlich von dir getauft werden, und du kommst zu mir? 15 Aber Jesus antwortete und sprach zu ihm: Lass es jetzt zu! Denn das ist der Weg, den Gott zu unserem Heil gehen will*[19]*. Da ließ er es zu.*

---

[18] Das hier im Neuen Testament singulär verwendete Wort „διακωλυω/diakolyo“ meint ein energisches Abwehren eines Tuns. Luther übersetzt es weniger emotional gefärbt mit „wehrte ihm“. Siehe Bauer, a.a.O. Sp.368

[19] Hier habe ich frei übersetzt, um das zentrale Wort der „göttlichen Gerechtigkeit“ (δικαιοσυνη/dikaiosynä) verständlich zu machen. Jesus ist zwar der Meister gegenüber Johannes. Dennoch soll er sich unterordnen als Zeichen der Demut vor Gott, der alleine den Geist schenkt und den Auftrag erteilt. Die Einheitsübersetzung überträgt: „Denn nur so können wir die Gerechtigkeit (die Gott fordert) ganz erfüllen.“ Die Gute-Nachricht-Bibel übersetzt: „ Damit tun wir, was Gott jetzt von uns verlangt.“ Für Joachim Gnilka ist die „Gerechtigkeit“ die an die Menschen gerichtete göttliche Forderung, die Jesus den Menschen vorlebt und sie damit erfüllt. Wer ihm folgt, wer durch die Taufe an Gottes Geist Anteil hat, wird dieses Forderung der göttlichen Gerechtigkeit erfüllen können. So wird Jesus zum Erlöser Israels und der Menschen. Siehe J. Gnilka, Das Matthäusevangelium, 3. Aufl. Freiburg/Basel/Wien 1993, S.77

16 Und als Jesus getauft war, stieg er sogleich wieder aus dem Wasser heraus. Und siehe, da tat sich (ihm)[20] *der Himmel auf, und er sah den Geist Gottes wie eine Art*[21] *Taube auf sich herabkommen. 17 Und siehe, eine Stimme aus dem Himmel sprach: Dies ist mein geliebter Sohn*[22]*, der mir gefällt und mit dem ich zufrieden bin.*

Der Geist Gottes, dargestellt in der Geschichte durch die Taube, brachte die gute Nachricht, dass da einer gemocht und geliebt wurde. Gott hatte seinen besonderen Blick auf Jesus, er gab ihm Halt, wie Eltern eben ihren Kindern Halt zu geben versuchen.

Aber warum hat der Geist Gottes in der Bibel das Zeichen der Taube angenommen? Vielleicht, weil sie schon immer für den Frieden steht, weil man einer Taube anders als einem Greifvogel nichts Böses zutrauen würde. Wenn Menschen getauft werden, soll also der Friede bei ihnen Einzug halten. Als Bild dafür steht eine Zeichnung, die der Maler Pablo Picasso 1961 gemalt hat. Es ist die blaue Taube. Er hat sie mit ein paar Pinselstrichen auf ein Blatt Papier gemalt.

---

[20] Dass sich „ihm" der Himmel auftat haben gewichtige Textzeugen ausgelassen. Aber dennoch ist das Öffnen des Himmels hier in einer Art Vision zu verstehen, die eben nur Jesus selbst durch die Taufe widerfährt und von den Umstehenden nicht wahrgenommen werden kann. Auch die folgende Audition, das Hören der göttlichen Stimme, ist in diesem Sinn zu verstehen, dass dadurch Jesus die innere Gewissheit der Gottessohnschaft, des Angenommen-seins durch Gott zugesprochen wurde. Gnilka sagt zur Stelle: „Dennoch will dieser Vorgang nichts Geringeres als eine grundlegende Veränderung des Verhältnisses der Menschen zu Gott anzeigen. Sie ist durch Jesus gegeben. Das Wörtchen αυτω („es öffneten sich ihm die Himmel"), das textlich unsicher, aber von der Sache her im Text zu belassen ist, deutet dies an. Die Öffnung ermöglicht das Herabsteigen des Geistes Gottes oder anders gesagt: die grundlegende Veränderung ist durch diese Gabe bezeichnet." A.a.O. S.78

[21] Rienecker weist darauf hin, dass hier das Wort „ωσει/hosei = als wie, gleichsam wie" bedeutet, dass der tierische Vergleich nur in beschränktem Maße gelten kann. A.a.O. S.6

[22] Gnilka schreibt zum Gottessohn-Titel: „Dennoch wird auch bei Mt die Gottessohn-Prädikation noch nicht zu einer wesenhaften Aussage. Der Gottessohn-Titel bleibt an das auszuübende messianische Amt gebunden(vgl.16,16;26,63)." A.a.O. S. 79

Kann doch jeder, denken manche bestimmt. Ja, das sieht wirklich ganz einfach aus, wie es Picasso gemalt hat. Trotzdem hat er ein Leben lang nichts anderes getan, als Tauben zu malen. Sein Vater war auch Maler und hat seinem Sohn als Kind die Aufgabe gegeben Taubenfüße zu malen. Papa Picasso war über das Ergebnis sehr erstaunt und soll sogar gesagt haben: „Pablo kann schon jetzt besser malen als ich. Sein Talent ist größer als meines. Ab jetzt werde ich nicht mehr malen."

Tauben sind die Leidenschaft von Picasso geworden. Einen kleinen Zweig mit einem Olivenblatt hat er ihnen in den Mund gemalt, damit sie nicht nur an die Taube bei Jesu Taufe erinnern, sondern besonders auch an jene Taube, die einst Noah nach der Sintflut ausgesandt hat, bis sie wieder Land fand. Denn Pablo Picasso konnte zugleich ernste Bilder malen, die von Krieg und Untergang erzählen.[23] Umso mehr wollte er durch seine Tauben den Frieden verkünden, der die Welt heilt.

Besonders gut gelungen ist ihm dies in einem anderen berühmten Bild. Dort hält ein kleines, weiß gekleidetes Mädchen eine Taube in ihren Händen.[24] Beide schauen sich innig an, als wollten sie sagen: Die Welt darf nicht zerstört werden, sie gehört uns, den Kindern und den Tieren. Wir dürfen auf ihr leben, sie wurde uns von Gott geschenkt. Wir dürfen auf ihr spielen und tanzen, lachen und weinen, arbeiten und ruhen.

---

[23] Das berühmteste Kriegsbild von Pablo Picasso trägt den Titel „Guernica".
Es entstand 1937 als Reaktion auf die Zerstörung der spanischen Stadt Guernica durch den Luftangriff der deutschen Legion Condor und der italienischen Corpo Truppe Volontarie, die während des Spanischen Bürgerkrieges auf Seiten Francisco Francos kämpften. Am 12. Juli 1937 wurde das Bild in Paris auf der Weltausstellung vorgestellt. Später wurde dieses Bild zum besten Antikriegsbild des 20. Jahrhunderts erklärt.

[24] Das Gemälde "Mädchen mit Taube" stammt aus dem Jahr 1901 markiert den Beginn von Picassos blauer Periode.

Vielleicht hatte der Maler Picasso seine eigenen Töchter im Blick. Immerhin hat er einer den Namen Paloma gegeben, das heißt auf Spanisch Taube. So ist dieses stille Bild wie ein Gebet zu Gott:

„Bitte, erhalte unseren Kindern diese Welt, bitte lass sie den Frieden erfahren, der die Menschen zusammenbringt und nicht gegeneinander aufhetzt. Bitte lass sie etwas von dieser Tiefe des Lebens spüren, von der auch die Taufe kündet."

Oder mit dem Taufspruch unseres heutigen Täuflings gesagt: *„Alles ist möglich dem, der da glaubt."*[25] Vor dem Glaubenden liegt das Leben offen ausgebreitet, nichts darf ihm Angst machen. Auch nicht die Krankheit oder der Tod.

Von solcher Zuversicht erzählt eine weitere Heilungsgeschichte[26] aus dem Neuen Testament. Da ist ein Vater ganz verzweifelt und ringt um das Leben seiner Tochter. Aber Jesus sagt zu ihm: „Fürchte dich nicht, glaube nur." Und zu dem Mädchen, dass wie tot auf ihrem Bett liegt, sagt er: „Talita kum", das heißt: „Mädchen steh auf." Sie steht auf und ergreift das Leben neu, wie auf Pablo Picassos Bild das Mädchen die weiße Taube ergriffen hat und fest an sich schmiegt.

Doch ich wollte heute noch von einem zweiten Tier erzählen. Dies kommt in keiner biblischen Geschichte vor. Trotz allem ist es ein Tier, das besonders die Kinder gut kennen. Es ist der kleine Eisbär. Aber nicht der „Knut" aus dem Berliner Zoo, sondern Lars, der kleine Eisbär, aus dem Fernsehen. Was in der Natur nicht geht, gelingt natürlich im Zeichentrickfilm. Lars, der kleine Eisbär, ist mit seinen Freunden, einem Eisbärmädchen mit dem Namen Greta und einer kleinen Robbe mit Namen Robbi unterwegs. Sie erleben viele Abenteuer gemeinsam. Das wichtige ist: Sie halten zusammen und können dadurch manche Gefahr bestehen.

---

[25] Markus 9,23 in der Geschichte von der Heilung eines kranken Kindes.
[26] Markus 5,41

Das ist ein gutes Bild für die Taufe. Hier wird man in eine große Gemeinschaft, die Kirche, hineingetauft. Es gibt andere, die an Gott glauben, die sich ihm anvertrauen. Das sind die Eltern und Großeltern, die Patentanten und Patenonkel, aber auch Menschen, die ich bislang noch nicht kenne. Mit ihnen sind wir als Getaufte unterwegs. Immer wieder muss man Abenteuer bestehen, sich zum Beispiel wie bei Lars für den Erhalt eines aussterbenden Tieres einsetzen. Solche Aufgaben sind nicht leicht. Dazu braucht es einen inneren Antrieb, einen besonderen Geist, den Geist von Gott. Den sollen die Kinder heute durch die Taufe erhalten. Um diesen bewegenden Geist bitten wir zu Beginn des Gottesdienstes. Er wird sich da einstellen, wo wir einen Blick für den Nachbarn in der Kirchenbank haben, wo wir uns anrühren lassen von einem Wort, das Jesus sagt, und sei es unser Tauf- oder Konfirmationsspruch. Wir brauchen diesen Geist von Gott, damit wir mutig wie Pablo Picasso Hoffnungsbilder malen können oder auch mal ein realistisches Bild, das uns den Zustand unserer Erde vor Augen führt.

Jesus hat bei seiner Taufe diesen Geist Gottes empfangen. Wie eine Art Taube hat er sich auf ihm niedergelassen und den Frieden mitgebracht, damit wir Menschen zueinander finden. Die Stimme aus dem Himmel hat nur noch bestätigt, was durch die Taufe geschah. „Du bist mein geliebtes Kind“, sprach der himmlische Vater zu Jesus, „du gefällst mir gut, weil du dich nicht über andere stellst, sondern einreihst und offen bist für den Geist von oben. Du wirst anderen gut tun, weil du nicht aus deiner eigenen Kraft, sondern aus der Kraft Gottes leben willst. Du wirst sie mitnehmen, damit sie selbst diese Stimme von oben hören, dass sie ein geliebter Mensch sind, auf den sich Gott freut, mit dem er zusammen sein möchte.“

Diese Nachricht macht froh und glücklich, mutig und stark. Einen solchen mutigen Geist von Gott wünschen wir heute unseren Taufkindern. Die Taube und der kleine Eisbär sind nur ein Zeichen dafür.

D.

Richtig Gottesdienst feiern

Amos 5,21-24 - Sonntag Estomihi

Empfohlener Taufspruch: Gott spricht: *„Es wälze sich das Recht wie eine Wasserflut heran und die Gerechtigkeit wie ein stark fließender Bach."*

Anspiel mit der Pfarrer-Puppe, genannt Pfarrer Fröhlich

Sprecher: Guten Morgen, Pfarrer Fröhlich, schön, dass sie heute bei der Taufe und der Tauferinnerung für die KU-3 Kinder[27] anwesend sind. Aber warum halten sie denn dauernd ihre Nase zu?

Fröhlich: Es stinkt! Ich kann es nicht riechen!

Sprecher: Es stinkt? Aber Herr Fröhlich, hier stinkt doch nichts, es riecht höchstens ein bisschen nach dem Rauch der Kerzen auf dem Altar.

Fröhlich: „Es stinkt doch! Ich kann es nicht riechen", sagt Gott!

Sprecher: Wie bitte? Gott soll gesagt haben, dass es stinkt! Aber Herr Fröhlich, was erzählen sie uns denn da heute Morgen zu diesem schönen Fest der Taufe, wo wir ein kleines Kind im Leben willkommen heißen.

Fröhlich: Gott kann es nicht riechen, es stinkt ihm, steht so beim Propheten Amos in der Bibel.

Sprecher: Ach so, sie meinen den Predigttext des heutigen Sonntages.

Fröhlich: Genau, den meine ich. Gott kann die Gottesdienste nicht riechen, die Opfer auf dem Altar gefallen ihm nicht.

---

[27] KU-3 bedeutet Konfirmandenunterricht mit Schülern aus der 3.Klasse. Dieses Projekt verfolgt die Gemeinde Bad Arolsen bereits seit 10 Jahren. Darin werden Kinder aus der 3.Grundschulklasse neun Wochen lang zu den Themen „Taufe", „Gottesdienst und Kirche" und „Abendmahl" unterrichtet.

Sprecher: Da bin ich aber beruhigt. Sie meinen nicht uns heute, denn heute feiern wir einen fröhlichen Gottesdienst und heißen den Täufling in unserer Gemeinde willkommen. Wir freuen uns, dass vier Kinder aus der Grundschule und ihre Eltern gekommen sind, weil sie in den letzten drei Wochen über die Taufe gesprochen haben. Das wird Gott gefallen, da steigt ein guter Geruch zum Himmel auf, denken sie das nicht auch, Herr Fröhlich?

Fröhlich: Gott liebt kleine Kinder, da freut er sich mit. Aber damals, damals hat es ihm schon gestunken.

Sprecher: Damals, was war denn damals eigentlich los, dass sich Gott die Nase zuhalten musste?

Fröhlich: Die haben im Tempel Gottesdienst gefeiert und ordentlich Brandopfer auf dem Altar angezündet. Aber im Land herrschte Ungerechtigkeit, draußen vor den Türen des Tempels lagen die Armen, um die sich keiner gesorgt hat. Das hat Gott gestunken, das war ein falscher Gottesdienst.

Sprecher: Ah, jetzt verstehe ich. Sie meinen, man kann nicht in der Kirche fröhlich feiern, wenn andernorts die Menschen leiden und Sorgen haben. Aber, Herr Fröhlich, wir sind doch nicht für das Leid der ganzen Welt verantwortlich, dann dürften wir ja gar keinen Gottesdienst mehr anbieten.

Fröhlich: Fröhlich Gottesdienste feiern, das ist wichtig. Lasst die Kinder zu mir kommen, sie sind ganz nah an Gottes neuer Welt, das hat schon Jesus gesagt:

Sprecher: Sehen sie, das wollen wir heute Morgen tun.

Fröhlich: Aber dabei die nicht vergessen, die nicht so lachen können wie wir.

Sprecher: Sie meinen, wir sollen Pate für andere werden, sie in ihrem Leben begleiten, bei ihnen stehen, mit ihnen weinen, mit ihnen lachen und fröhlich sein. So wie es die Paten des Taufkindes tun werden, damit sie die Eltern unterstützen und ihnen helfen, das Kind groß zu ziehen.

Fröhlich: Genau! Wir sollen Pate für Menschen werden oder wie es Amos gesagt hat: *„Es wälze sich das Recht wie eine Wasserflut*[28] *heran und die Gerechtigkeit wie ein starkfließender Bach*[29]*."* Dann ist Gott nicht verschnupft, dann kann er unsere Gottesdienste gut riechen.

Sprecher: Es wälze sich das Recht wie eine Wasserflut, das ist ein tolles Bild. Nicht nur ein bisschen Recht, nicht nur hier und da etwas Gerechtigkeit, sondern wie ein großer Strom, wie ein stark fließender Bach soll das Recht in unserem Land sich entwickeln, daran will Amos erinnern. Übrigens, Herr Fröhlich, dazu passt sehr gut der Taufspruch unseres Täuflings.

Fröhlich: Wie heißt denn der Taufspruch und wo finde ich ihn in der Bibel?

Sprecher: Der Taufspruch steht im Psalm 36,10 und lautet: *„Bei dir, Gott, ist die Quelle des Lebens und in deinem Lichte sehen wir das Licht."*[30]

Fröhlich: Ein sehr schöner Spruch für ein ganzes Leben.

Sprecher: Ja, in diesem Taufspruch wird deutlich, wo die Kraft zur Gerechtigkeit in unserem Land herkommt. Gott selbst will die Quelle aller Gerechtigkeit sein, er will unserer Seele zu trinken geben, so dass wir anderen das Wasser des Lebens gönnen.

---

[28] Wörtlich ist hier mit „מים/majim" nur von „Wasser" die Rede, was aber dem Kontext nach nicht nur ein paar Tropfen sondern eine ganz Flut darstellt. Daher meine Übersetzung von „Wasserflut".

[29] So in Amos 5,24. Das hebräische Wort „נחל/nachal" könnte auf die trockenen Bachläufe ‚Wadi genannt, in der Wüste hinweisen, die bei Regengüssen sich schlagartig füllen und zu reißenden Sturzbächen sich entwickeln. Dann würde es heißen, dass man so handeln soll, dass das Tun der Gerechtigkeit unter keinen Umständen aufzuhalten ist.

[30] So die Lutherübersetzung 1984.

Fröhlich: Wie mit der Taufkerze!

Sprecher: Was meinen sie damit, Herr Fröhlich?

Fröhlich: Na, bei der Taufe wird doch eine Kerze für das Kind entzündet.

Sprecher: Gewiss, das werden wir nachher tun. Die haben die Eltern sogar selbst gebastelt.

Fröhlich: Und dieses Licht soll bedeuten, dass Gott das Leben des Kindes hell machen wird, wenn es sich an Gottes Gebote hält und ihn immer wieder sucht.

Sprecher: Gott schenkt uns also das Licht des Lebens, damit wir in seinem Namen fröhlich feiern können, ist das der richtige Gottesdienst?

Fröhlich: So kann es gelingen, dann steigt der Wohlgeruch zu Gott in den Himmel und er hält sich nicht die Nase zu.

Sprecher: Da bin ich aber froh. Dann wollen wir Gott bitten, dass wir in seinem Sinn zusammen sind und nicht umsonst die Taufe feiern werden. Vielen Dank, dass sie dabei waren, Herr Fröhlich.

Richtig den Gottesdienst feiern, damit Gott sich nicht die Nase zuhalten muss und über uns Menschen verschnupft ist, dazu will uns der Predigttext aus dem Amos-Buch anhalten. Wo Gerechtigkeit herrscht, wo Menschen aufeinander achten und für einen guten Ausgleich untereinander sorgen, so dass jeder in Frieden leben kann, hört sich Gott gerne unsere Gebete und Lieder an. Denn dann wird unser Singen und Beten nicht das Unrecht im Land übertönen.

Dass da in Deutschland noch einiges zu tun ist, haben die Meldungen der vergangenen Woche aus der Bertelsmann-Stiftung gezeigt, wo durch eine gegenüber den sonstigen OECD-Studien veränderte Erhebung deutlich wurde, dass Kinder für Familien eine stärkere

Armutsgefährdung bedeuten als bisher angenommen. Je mehr Kinder die Familien in Deutschland bekommen, umso mehr geraten sie durch die vielen Kosten in den Bereich der Armut. Besonders belastet seien die alleinerziehenden Mütter.[31] Das darf aber so nicht sein. Kinder sind der wertvollste Schatz einer Gesellschaft. Familien beim Aufziehen der Kinder zu unterstützen muss die höchste Priorität im Land haben. Denn die Kinder sind unsere Zukunft, sie tragen das Land in die kommenden Jahre hinein, sie arbeiten dafür, dass die älter gewordene Generation, die Omas und Opas, versorgt sein werden. An diesem Generationenvertrag müssen wir festhalten, soll ein gutes Miteinander im Land gelingen, soll das Unrecht in Grenzen gehalten werden.

Da ist die Botschaft, dass ab der Mitte dieses Jahres die Kindergartenbeträge für die Grundbetreuung in den Kindergärten vom Land und den Kommunen übernommen werden, eine gute Nachricht. Das sichert die Betreuung der Kleinkinder ab, die Mütter können, wenn sie möchten, wieder zu ihrer Arbeitsstelle zurückkehren und für das Familieneinkommen mitsorgen. Zudem sollten die Einkommen so geartet sein, dass einer genug verdienen, damit der andere Zeit findet, sich um den Nachwuchs zu kümmern. Die Arbeit in den großen Firmen mit ihren vielen Schichten muss so gestaltet werden, dass die Eltern Zeit und Kraft haben, sich ausreichend der Kindererziehung zu widmen. Wenn wir hier um Gerechtigkeit bemüht sind, wird die Freude eines Taufgottesdienstes im Alltag nicht verloren gehen.

Darüber hinaus wird sich die Kirche neben ihren schönen Gottesdiensten immer darum mühen, dass Gerechtigkeit auf der ganzen Erde wachsen und das Recht wie Wasserströme fließen darf. Für uns tut das die evangelische Aktion „Brot für die Welt“, die wir als Gemeinde besonders in der Weihnachtszeit unterstützen.

---

[31] Bertelsmann-Stiftung: Armutsrisiko für Familien höher als angenommen; 7. Februar 2018, 8:12 Uhr Quelle: ZEIT ONLINE, dpa, KNA, AFP spo

Brot für die Welt kann viel darüber berichten, wie man mit den Menschen vor Ort mit relativ geringen Mittel doch mehr Gerechtigkeit im Leben bewirken kann.

Ein Beispiel aus dem mittelamerikanischen Land Honduras sei benannt.[32] Dort herrscht in den Elendsvierteln der großen Städte für viele Familien eine aussichtslose Lage. Durch Sammeln von Müll versuchen sich die Menschen über Wasser zu halten. Hier hat eine Organisation mit Namen „AyO“[33] begonnen, Kinder in ihrer Schulbildung zu unterstützen, damit sie aus dem Armutskreislauf herauskommen. Mit 100.000 Euro hat Brot für die Welt dieses Projekt unterstützt. So konnten dort über 400 Kinder an wöchentlichen Kursen teilnehmen, wo sie lernen, selbst für ihre Rechte einzustehen, dazu gehört das Recht auf gesunde Nahrung, Freizeit, Unversehrtheit und Bildung, in Honduras alles keine Selbstverständlichkeit. Zudem haben sich bei diesem Projekt 390 Frauen in Mütterkreisen organisiert und unterstützen sich gegenseitig.

Ein Anfang ist gemacht, um junge Familien und deren Kinder aus dem ewigen Kreislauf von Armut und Gewalt zu führen. Hier wird sich Gott nicht die Nase zuhalten, auch wenn die Umgebung mit den Müllbergen nicht immer gut riecht. Hier wird er sich mitfreuen, dass Menschen auf die Beine kommen und ihr Leben bestehen. Hier kann und darf man fröhlich Gottesdienst feiern als Zeichen dafür, dass Gott selbst die Quelle sein will, aus der wir alle schöpfen dürfen, hier in Deutschland, aber auch im weit entfernten Honduras.

---

[32] Jahresbericht „Brot für die Welt“ 2015, hrsg. Brot für die Welt – Evangelischer Entwicklungsdienst, Ausgabe Juli 2016, S. 21

[33] AyO bedeutet Alternativas y Oportunidades. Es ist eine Kinder- und Jugendrechtsorganisation in Honduras, die mit „Brot für die Welt“ zusammenarbeitet.

E.

Du stellst meine Füße auf weiten Raum

Psalm 31,2-9b (Wochenpsalm 1.So. der Passionszeit -Invokavit)

Empfohlener Taufspruch: *„Denn du bist mein Fels und meine Burg, und um deines Namen willen leite und führe mich. Du stellst meine Füße auf weiten Raum.“ (Psalm 31,4+9b)*

Heute habe ich eine Kiste voll mit Schuhen mitgebracht. Denn bald werden unsere Täuflinge mit Laufen beginnen. Das tun sie natürlich erst einmal auf ihren kleinen Füßen ohne irgendwelches Schuhwerk. Aber da es bei uns nur selten warm ist, sind Schuhe bald angebracht, um sich nicht zu erkälten oder zu verletzen und somit das Laufen sicher und gut zu lernen. Denn sie müssen in ihrem Leben noch viele Wege beschreiten. Wege im Haus von Zimmer zu Zimmer, Wege draußen zum Spielplatz, dem Kindergarten, der Schule. Wege zu Mutter und Vater, Oma und Opa, Tante und Onkel, Wege mit den Geschwistern und Freunden, um zu spielen oder zu lernen. Wege, die sie als Erwachsene später weit weg führen können, wenn die Berufe in anderen Städten oder sogar in anderen Ländern ausgeübt werden. Wege auf ganz unterschiedlichen Untergründen. Zuhause auf dem Teppich, weich und warm. Draußen auf der Wiese im Sommer, wo man gar keine Schuhe braucht oder nur Sandalen. Wege, die über staubige Straßen führen, Wege, auf denen viele Steine liegen, woran der Fuß sich stoßen kann. Glatte Wege, die leicht fallen, steile und holprige Wege, wo höchste Anstrengung und Aufmerksamkeit gefordert sind.

Für all diese Wege wollen später die kleinen Füße der Täuflinge gut beschuht sein. Und deshalb habe ich ganz unterschiedliche Schuhe mitgebracht, um einmal zu sehen, wofür man sich alles rüsten kann und rüsten muss.

(Unterschiedliche Schuhe werden präsentiert, Kinder raten den Zweck der Schuhe)

Gut beschuht durch das Leben gehen, das ist eine Aufgabe, der sich die Eltern für ihre Kinder immer wieder stellen müssen. Wir haben gesehen, wie viele unterschiedliche Möglichkeiten es gibt, Schuhe zu verschiedenen Anlässen zu tragen. Sie sind ein Sinnbild dafür, dass die Eltern und Paten, die Großeltern, Erzieherinnen und Lehrer immer wieder ausprobieren müssen, welcher Schuh dem Kind nun passt. Sie müssen ein Auge darauf haben, dass der Schuh nicht drückt, dass die Sorgen der Kinder, der Streit mit Freunden, die Trauer nach einer schlechten Note, das Abgelehnt-Werden in der Gruppe der Gleichaltrigen ernst genommen wird. Sie werden sich später Gedanken machen, welchen Beruf ihre Schützlinge ergreifen sollen, wie da ein „Schuh" draus wird, damit sie auf den Wegen des Berufslebens und der Partnerschaft sicher gehen können.

Zum Glück müssen das die Eltern nicht alles alleine machen. Sie brauchen die Schuhe für ihre Kinder ja nicht selbst nähen und flicken. Da gibt es Geschäfte, wo sie anprobieren und ausprobieren können, bis das gewünschte Schuhwerk passt. Da gibt es Reparaturwerkstätten, die einem die Sohle erneuern, wenn man sein geliebtes Schuhpaar, in dem man so gut eingelaufen ist, nicht hergeben möchte. So sind für die Begleitung der Kinder andere Institutionen da, die mithelfen wollen, dass die Kinder Tritt im Leben fassen und ihre Wege gut und sicher gehen werden.

Dazu gehört unsere Kirche. Gewiss, sie bietet keine äußeren Sicherheiten an, die das Leben eines Kindes absichern. Sie ist keine Versicherungsgesellschaft, wo es hinterher in der Kasse klingelt, wenn Ausbildungsversicherungen oder Lebensversicherungen oder Haftpflichtversicherungen ausgezahlt werden. Sie möchte vielmehr die innere Sicherheit schenken, dass dieses Leben genug Freiraum bietet, um sich zu entfalten und frei und fröhlich auszuschreiten.

Die Kirche möchte davon erzählen, wie Menschen immer wieder in der Begegnung mit Gott diese Freiheit gefunden haben, die sie aufatmen und endlich weitergehen ließ.

Eine der großen Erzählungen der Bibel dazu ist die Befreiung des Volkes Israel aus der Gefangenschaft in Ägypten. Gott hörte das Schreien der Sklaven, sah, wie eingeengt ihr Leben war und führte sie hinaus in die Weite. Allerdings ging der Weg lange durch die Wüste und die Versuchung war groß zu glauben, dass Gott sie unterwegs schon vergessen hatten. Freiraum empfanden sie jetzt genug, aber sie spürten keine Sicherheit mehr. Daher machten sie sich Götzen, gaben sich sichtbare Sicherheiten, statt darauf zu vertrauen, dass dieser unsichtbare Gott sie weiterhin in die Freiheit, in das gelobte Land führen werde. Sie vertrauten nicht mehr darauf, dass sie das richtige Schuhwerk bekommen, damit ihre Füße unbeschadet den Weg weitergehen können.

Ganz anders aber heute Morgen unser Psalm 31, in dem der Beter mitten in seiner Not auf diese Freiheit von Gott hofft. Ich lese daraus einige Verse:

„2 Bei dir, HERR[34]*, suche ich Zuflucht,*
enttäusche mich auf keinen Fall,
bringe mich durch deine Gerechtigkeit[35] *in Sicherheit!*
3 Neige deine Ohren zu mir,
rette mich wie jemand, der es eilig damit hat!
Sei für mich ein Bollwerk aus Felsen und ein befestigtes Haus,
um mir zu helfen!
4 Denn du bist mein Fels und meine Burg,
und um deines Namen willen leite und führe mich.

---

[34] Hier steht der unübersetzbare Gottesname mit vier hebräischen Buchstaben, das sogenannte Tetragramm „JHWH/יהוה„, das die Lutherbibel ehrfürchtig mit einem großgeschriebenen HERR wiedergibt. Ich folge dieser Tradition.

[35] Die Übersetzung „Gute Nachricht" überträgt das Wort „Gerechtigkeit/zedaka/צדקה" durch einen Nebensatz und schreibt: „Rette mich, wie du es versprochen hast."

5 Ziehe mich aus dem Netz, das sie mir zum Fang legten;
denn du bist meine Stärke.
6 In deine Hände befehle ich meinen Geist[36]*;*
du hast mich erlöst, HERR, du treuer Gott.
7Ich hasse, die sich halten an nichtssagendes Blendwerk[37]*;*
ich aber setze mein Vertrauen auf den HERRN.
8 Ich bin aus dem Häuschen[38] *und freue mich bei dem Gedanken an*
deine Solidarität[39]*, die sich darin zeigt, dass du mein Elend ansiehst*
und meine seelischen Ängste kennst.
9Auch hast du mich nicht in die Hand des Feindes ausgeliefert;
du stellst meine Füße auf weiten Raum."

Dieser Beter, diese Beterin hat verspürt, wie Gott ihr oder ihm mitten in der Not eine innere Sicherheit gegeben hat. Ja, wenn andere dich anfeinden in der Schule, im Beruf, in der Familie, ich bin dennoch bei dir. Auch wenn andere über dich lachen und sie auf leeres Geschwätz und hohle Phrasen vertrauen, wenn sie dich mit ihrem Besitz, mit ihrem Wissen, mit ihrem Status übertrumpfen wollen, dennoch stelle ich deine Füße auf weiten Raum. Du sollst gehen können und nicht in zu engem Schuhwerk gefesselt sein. Du sollst aufatmen können, wie man es im Urlaub an der See oder den Bergen immer wieder tut, wenn man eine Wattwanderung oder eine Bergtour gemacht hat und den Blick in die Ferne schweifen lassen konnte. Gott will, dass du diese Freiheit zum Leben immer wieder spürst, auch wenn viele Zwänge

---

[36] Die Bibel in gerechter Sprache übersetzt das Wort „ruach/רוח“ mit „Lebensatem“.

[37] Der Ausdruck „haflee-schawe/הבלי־שוא“ soll laut Gesenius als „nichtige Götzen“ übersetzt werden. Modern gesprochen sind das Dinge, die auf mich großen Eindruck machen wollen, wo aber nichts als heiße Luft („häwäl/הבל“) dahinter ist. S. Gesenius, S.173 und 809.

[38]Hier steht das Wort „gil/גיל “, was jubeln, frohlocken, jauchzen bedeutet. Damit soll eine große innere Erregung zum Ausdruck gebracht werden, die ich mit „aus dem Häuschen“ sein zu umschreiben versuche.

[39] Hier steht das Wort „häsäd/חסד“, das von der Liebe und Gnade spricht, die Gott den Menschen erweist, modern gesprochen von seiner Solidarität gegenüber und mit den Menschen.

dich umgeben und feindlich bedrängen. Dazu schenkt er dir mit der Taufe eine innere Kraft, die nicht versiegen soll.

Was das für junge Menschen bedeuten kann, ist mir in einem Bericht des Vereins „Abenteuerlager e.V." von einer Reise nach Südschweden aufgefallen. Daraus möchte ich einige Zeilen vorlesen:

„14 Tage fast ausschließlich im Freien zu sein, das haben bisher die wenigsten erlebt. Regen wird zu etwas Nebensächlichem. Und in Schweden kann es häufig regnen. Die Stimmung unter den Jugendlichen ist gedämpft. Tom sorgt sich, ob man den Jugendlichen nicht irgendetwas bieten müsse. Da rollt ein Johlen heran. Ein Dutzend Mädchen und Jungs in Bikinis und Badehosen rennen durch den Regen und verschlagen den Erwachsenen die Sprache. „Entdecke die Möglichkeiten", schreit einer laut dabei. Es ist Jannik, 17 Jahre alt, er kommt aus Sachsen, ist nicht konfirmiert und mit dem Glauben noch nicht in Berührung gekommen. Die Bibelarbeiten im Jugendlager findet er öfter langweilig als interessant. Aber die Gemeinschaft ist ihm wichtig. Und auf die achtet er, z.B. beim Kanufahren. Denn Jannik ist Sportler. Wenn er wollte, könnte er den meisten davon paddeln. Aber er teilt sein Boot mit David, und David hat sein eigenes Tempo. David will nicht auf das Wasser. Jannik redet ihm gut zu und schließlich legt auch ihr Kanu ab. Jannik kocht nach dem Kanufahren abends auch schon mal einen Tee gegen das Heimweh von David und schaut, dass er morgens aus dem Schlafsack kommt. Die Freiheit entdecken alle hier. Sie ist für viele etwas Besonderes. Zeit zu haben und keiner sagt, dass jetzt Hausaufgaben oder Klavier üben dran sind. Das Schwedengefühl soll bleiben, sagen Nina und Margarethe, Philipp und Til. Gemeinschaft und Freiheit. Fernseher, Handy, Playstation und iPod haben die wenigsten vermisst. Eher schon mal eine warme Dusche und einen eigenen Raum, um sich mal zurückziehen zu können.

Letzter Abend: Lauthals singen alle am Feuer den Lagerhit: „ Du tust im Innern meiner Seele gut." Erklären, was das heißt, können die wenigsten, aber sie haben es erlebt."

Soweit die Zeilen aus dem Reisebericht des Vereins „Abenteuerlager e.V."[40] Hier wurde es für Jugendliche ganz konkret, was der Psalmbeter uns zur heutigen Taufe zuspricht: „Du stellst meine Füße auf weiten Raum." Dass unsere Täuflinge das immer wieder erleben können, dass sie das richtige Schuhwerk finden, um ihre Wege sicher zu gehen, darum wollen wir heute Gott bitten.

Zugleich bitten wir für uns selbst. Denn als Erwachsene stecken wir in vielfältigen Zwängen und fühlen uns bedrängt. Auch wir brauchen ab und zu dieses Schwedengefühl, diesen Freiraum der Seele, der uns tief aufatmen lässt. Dann können auch wir sagen: *„Auch hast du mich nicht in die Hand des Feindes ausgeliefert; du stellst meine Füße auf weiten Raum."*

---

[40] Die Namen im Reisebericht wurden geändert. Die Abdruckerlaubnis zu diesem Reisebericht stammt von Herrn Thorsten Habel vom Vereinsvorstand. Die Aktivitäten des Vereins kann man unter folgender Internetadresse einsehen: www.abenteuerlager-schweden.de/der-verein

F.

Lotti Karotti – Wie man aus dem Loch wieder rauskommt!

Psalm 57 (6. Sonntag der Passionszeit- Palmsonntag)[41]

Empfohlener Taufspruch:
„Ich schreie zu Gott, dem Höchsten, zu dem Gott, der meine Sache zu einem guten Ende bringt. Er strecke seine Hand vom Himmel aus und komme mir zur Hilfe.“ *(Psalm 57,3+4a)*

2 Sei mir gnädig, Gott, sei mir gnädig![42]
Denn bei dir sucht meine Seele Zuflucht,
und unter dem Schatten deiner Flügel kann ich mich verbergen,
bis die Schicksalsschläge[43] *vorübergegangen sind.*
3 Ich schreie zu Gott, dem Höchsten, zu dem Gott,
der meine Sache zu einem guten Ende bringt.
4 Er strecke (seine Hand) vom Himmel aus und komme mir zur Hilfe.
Denn der mich zertritt,spricht auch noch verhöhnende Worte. SELA[44]*.*

---

[41] Der Psalm 57 taucht als solcher in der Perikopenreihe zu den Sonntagen des Kirchenjahres nicht auf und stellt damit keinen vorgeschlagenen Predigttext dar. Sein Thema der Errettung aus großer Not passt aber gut in die Passionszeit, besonders zum 6. Sonntag der Passionszeit, dem Palmsonntag, wo Psalm 69 in Auswahl der Wochenpsalm ist. In Psalm 69 ist gleichermaßen davon die Rede, wie jemand das Wasser bis zum Halse steht. Daher erfolgt mitten in Psalm 69 die dringende Bitte des Beters: „Errette mich aus dem Schlamm, dass ich nicht versinke, dass ich errettet werde vor denen, die mich hassen und aus tiefen Wasser.“ Dasselbe Motiv findet sich in Psalm 57, wenn es dort heißt: „Er sende vom Himmel und helfe mir von der Schmähung dessen, der mir nachstellt.“ (beide Zitate aus den Psalmen nach Luthertext 2017).

[42] Die Bibel in gerechter Sprache übersetzt das Wort „חנן/chanan = gnädig“ mit „Neige dich mir zu!“, was auch eine schöne bildhafte Übertragung dieses Wortes darstellt.

[43] Das Wort „הוה/hawa“ meint Verderben, Unfall und Unglück und steht an unserer Stelle im Plural.

[44] Das Wort „סלה/sela“ ist ein musikalisches Kunstwort zur Beendigung eines Sinnabschnittes, hier sogar mitten in einem Vers gesetzt. Die Bedeutung und Herkunft sind dunkel, aber es ist eine Möglichkeit, Luft zu holen, was bei den Aussagen des Psalm-Sänger an dieser Stelle auch notwendig erscheint.

Gott sende seine Güte und Treue[45].
5 Mein Leben: Inmitten von Löwen befinde ich mich;
wie lodernde Flammen sind die Menschen[46],
ihre Zähne sind Speere und Pfeile
und ihre Zungen wirken wie ein scharfes Schwert.

6 Lass aufgehen, Gott, über den Himmel,
über die ganze Erde deinen Glanz!
7 Ein Netz haben sie für meine Schritten aufgestellt,
meine Seele ist niedergebeugt;
sie haben vor mir eine Grube gegraben –
fallen (selbst) mitten hinein. SELA.

8 Mein Herz wankt nicht, Gott, mein Herz ist ganz ruhig[47],
ich will singen und musizieren.
9 Wach auf Harfe und Leier, ich will das Morgenrot wecken!
10 Ich will dir danken unter den Völkern, Herr,[48]
ich will dir lobsingen unter den Stämmen[49].
11 Denn deine Güte ist groß, sie reicht bis an den Himmel,
und deine Wahrheit bis an die Wolken.
12 Lass aufgehen, Gott, über den Himmel,
über die ganze Erde deinen Glanz!

---

[45] Die Bibel in gerechter Sprache übersetzt die Worte „ חסד ואמת/chäsed wa ämät" als „Freundlichkeit und Verlässlichkeit".

[46] Das Bild meint laut Gesenius, dass diese Menschen raubgierig sind wie die zuvor erwähnten Löwen, nur das hier vom Raub der Flammen die Rede ist. Gesenius, a.a.O. S.379. Die Bibel in gerechter Sprache ordnet das Hauptwort „die Menschensöhne" im Text als ein Objekt ein und kommt dann zu folgender Übersetzung: „Flammenfarben sind sie, verzehren Menschen."

[47] Hier verwendet der hebräische Text zweimal dasselbe Wort „נכון/nakon" = „fest, ruhig, gegründet sein, nicht wanken".

[48] Der hebräische Text hat hier das Wort „אדני/adonaj"= Herr verwendet, was sonst immer für das unaussprechbare Tetragramm „יהוה/JHWH" gelesen wird.

[49] Statt des Wortes „עם/am"= Volk wird hier ein zweiter Begriff für „Volk/Stamm" mit der aramäischen Vokabel „אומה/ Ummah" eingeführt, der heute noch im muslimischen Umfeld für die ganze Glaubensgemeinschaft steht.

Anspiel zur Taufe über Psalm 57 mit dem Ravensburger Spiel „Lotti-Karotti“

(Lotti, ein Hase als Handpuppe, knabbert an einer Möhre)

Sprecher: Hallo, Lotti, es freut mich, dass du in den Taufgottesdienst gekommen bist. Hast du heute Morgen schon das Spiel gewonnen?

Lotti: Wieso soll ich das Spiel gewonnen haben?

Sprecher: Weil du an deiner Möhre rumknabberst. Immer wenn man das Spiel Lotti-Karotti gewinnt, dann sitzt zum Schluss der Hase auf der Möhre und knabbert daran.

Lotti: Ich habe die Möhre so bekommen. Die Mira[50] ist nett, die hat sie mir heute Morgen gegeben.

Sprecher: Die Mira, die Schwester vom Jan, den wir heute taufen wollen?

Lotti: Genau, die mag nämlich Hasen und deshalb spielt sie gerne Lotti-Karotti. In diesem Spiel befinden sich die Hasen auf der Jagd nach der Möhre.

Sprecher: Also hast du heute Morgen doch schon das Spiel mit Mira gespielt und mit ihr gewonnen.

Lotti: Nein, habe ich nicht, das habe ich dir doch schon gesagt. Ich mag das Spiel gar nicht!

Sprecher: Wieso denn das? Das ist doch ein lustiges Spiel. Verschiedenfarbige Hasen rennen darin um die Wette den Berg rauf, damit sie als erste die Möhre fressen können.

Lotti: Du hast aber was verschwiegen.

Sprecher: Was denn?

---

[50] Die Namen wurden geändert.

Lotti: Unterwegs lauern Gefahren! Immer wenn man eine Spielkarte mit einer Möhre zieht, dann macht es „Klick“ und ein Loch öffnet sich.

Sprecher: Stimmt, es kann passieren, dass ein Hase im Loch verschwindet. Ist doch lustig!

Lotti: Finde ich gar nicht lustig! Man ist raus aus dem Spiel und hat verloren.

Sprecher: Aber es sind immer vier Hasen der gleichen Farbe unterwegs. Die anderen können noch die Schnellsten sein und als erste zur Möhre kommen.

Lotti: Trotzdem finde ich es gemein, dass ich beim Spielen manchmal durch das Loch falle und dann nicht mehr mitmachen kann.

Sprecher: Aber Lotti, das ist im Leben so. Manchmal gewinnt man und kommt richtig weit, sogar bis zur Möhre. Ein anderes Mal schafft man verliert man..

Lotti: Finde ich blöd, ich verliere nicht gerne!

Sprecher: Es gibt wieder ein neues Spiel, wo du mitmachen kannst. Du, das ist wie bei der Taufe. Taufe, das kommt vom altdeutschen Wort „Tiefe“[51]. Manchmal verlieren wir und rutschen in die Tiefe wie bei Lotti-Karotti. Das ist nicht das Ende. Die Taufe sagt: Gott spielt mit. Er schenkt uns einen Neustart.

Lotti: Aber ich versinke in den Löchern, wenn Mira wieder an der Möhre dreht.

Sprecher: Nicht unbedingt. Du kannst beim zweiten Mal vorsichtiger spielen. Es gibt im Spiel feste Plätze, wo man nicht versinken kann.

---

[51] Das gemeingermanische Verb im Althochdeutschen „toufen“, ca. um 800 n.Chr., und im Mittelhochdeutschen „toufen, töufen“ = „untertauchen, taufen“ ist ein ablautendes Faktivivum zu dem Adjektiv „tief“ und heißt dann übersetzt: tief machen = ein- und untertauchen. Siehe dazu das Etymologische Wörterbuch des Deutschen, hrsg. von Wolfgang Pfeifer, 3.Aufl. München 1997, S.1417

Also, wag ein neues Spiel und lerne, wie du möglichst sicher vorankommst

Lotti: Du meinst wie bei der Taufe. Alles, was mich geärgert hat und traurig macht, wird durch das Wasser erfrischt. Ich kann neu starten?

Sprecher: Ja, du kannst neu starten. Und wenn du mal in einem Loch verschwindest, ist Gott da und holt dich ins Spiel zurück. So ist das mit der Taufe.

Lotti: Aber beim Spiel muss die Mira mich wieder aus dem Loch herausholen und neu an den Start bringen.

Sprecher: Das macht Mira bestimmt. Denn die spielt unheimlich gern Lotti-Karotti. Sie kann es gar nicht abwarten, das neu gestartet wird. Selbst wenn du verloren hast, bekommst du von ihr trotzdem eine Möhre. Als Trostpreis, wetten?

Es ist nun schon 40 Jahre her, dass der Liedermacher Reinhard Mey seinen Song „Über den Wolken“ in den Äther gesandt hat. Reinhard Mey beschreibt in diesem Lied seine Beobachtungen beim Start eines großen Passagierflugzeuges. Er möchte gerne mitreisen und dem verregneten Alltag in Deutschland entkommen. Damit spricht er die Sehnsucht vieler Menschen in unserem Land an, die abheben und die Horizonte erweitern wollen. Dort oben, da draußen muss die Freiheit wohl grenzenlos sein, diesen Versprechungen der Tourismusbranche glauben wir bis heute nur all zu gerne. Denn der Mensch lebt davon, seine Begrenzungen zu überschreiten, seinen Geist zu weiten und so sich selbst als lebendig zu erfahren. Der Mensch sucht das Neue und Anregende, denn der Alltag engt ein und schneidet die Lebenskraft ab.

Davon kann der Beter des Psalms 57 berichten, dessen Worte wir zu Beginn des Gottesdienstes gehört haben. Er benutzt drastische Bilder, um sein Gefangensein im Alltag, seine schmerzhaften Begrenzungen zu beschreiben:

„Mein Leben: Inmitten von Löwen befinde ich mich; wie lodernde Flammen sind die Menschen, ihre Zähne sind Speere und Pfeile und ihre Zungen wirken wie ein scharfes Schwert."

Da leidet einer deutlich unter dem Mobbing der Kollegen an der Arbeitsstelle oder in der Schulklasse. Da sind ihm oder ihr die Horizonte des Lebens ganz verhangen. Es geht ihm wie im vorhin angedeuteten Spiel Lotti-Karotti, was die kleinen Kinder noch aufregend finden. Plötzlich tut sich unter dir ein Loch auf und du verschwindest in der Dunkelheit. Der Beter aus Psalm 57 sagt das so: *"Ein Netz haben sie für meine Schritten aufgestellt, meine Seele ist niedergebeugt; sie haben vor mir eine Grube gegraben."*

Dieser bedrückenden Wirklichkeit standzuhalten ist nicht einfach. Denn das Leben ist eben kein lustiges Spiel wie bei Lotti-Karotti. Wen es trifft, wer ins Loch fällt, sei es durch eine Krankheit, sei es durch den Verlust der Arbeit, sei es durch das Ende einer Freundschaft, der weiß erst einmal nicht, wie es weitergehen soll. Deshalb ruft der Beter aus Psalm 57 zu Gott und bittet ihn um Horizonterweiterung: *„Lass aufgehen, Gott, über den Himmel, über die ganze Erde deinen Glanz!"* Wie bei Reinhard Mey ist die Sehnsucht da, dass über den Wolken die Freiheit sein müsste und von dort alle Sorgen klein erscheinen. Daher ermuntert der Beter aus Psalm 57 sich selbst und spricht:

„Wach auf Harfe und Leier, ich will das Morgenrot wecken! Ich will dir danken unter den Völkern, Herr, ich will dir lobsingen unter den Stämmen. Denn deine Güte ist groß, sie reicht bis an den Himmel, und deine Wahrheit bis an die Wolken."

Der Beter hofft nicht auf einen schönen Urlaub an den Stränden Südeuropas oder in der Übersee. Seine Hoffnung im bissigen Alltag ist die Güte Gottes, die vor den Landesgrenzen nicht Halt macht, sondern soweit wie der Himmel reicht. Das gibt ihm und seiner Seele Kraft, die Herausforderungen des Alltags zu bestehen. Ja, er ist sich gewiss, dass die, die ihm ein Loch graben und darin versenken wollen, zuletzt selbst darin verschwinden. Lotti-Karotti, das Kinderspiel, lässt wieder grüßen. Eben noch hast du dich gefreut, dass die Figur des Mitspielers im Loch versunken ist und schon plumpst deine eigene Hasenfigur in ein Loch und verschwindet.

Doch der Dank für das eigene Leben erweitert den Horizont und gibt neuen Lebensmut. Dazu haben wir uns heute Morgen hier versammelt, um Gott ein weiteres Mal für unser Dasein zu danken, *„unter dessen Flügel wir uns bergen können, bis die Schicksalsschläge vorüber gehen“*, wie es der Beter aus Psalm 57 sagen kann. Wir haben uns hier versammelt, um Gott Dank zu sagen für das neue Leben in unserer Mitte, Dank für die kleinen Täuflinge, die unseren Horizont auf ihre Weise erweitern. Denn mit Kindern entdecken wir die Welt um uns herum neu. Alles hat plötzlich wieder Bedeutung, woran wir zuvor achtlos vorbeigegangen sind: der kleine Käfer, die schöne Blume auf der Wiese nebenan. Selbst eine Stunde ungestörter Schlaf bekommt eine ganz neue Bedeutung. Wir brauchen keine großen weiten Reisen um glücklich zu sein. Ein zufriedenes Lächeln aus dem Gesicht des Kindes tut es auch.

Klar, die Eltern unserer Taufkinder sind schon viel gereist, sie waren schon in der ganzen Welt unterwegs, sie haben viele Länder Europas gesehen und sind dort beruflich immer wieder gefragt. Daher möchten sie mit ihren Kindern neue Horizonte erobern, wollen ihnen viel beibringen, möchten mit ihnen durch das Studium der Literatur oder der Wissenschaften in neue Räume fliegen, die ihrer Seele eine Weitsicht vermitteln. Die Kinder sollen frei und unbekümmert leben und aufwachsen, ihnen sollen viele Möglichkeiten zur Gestaltung des eigenen Daseins offen stehen, das ist der Wunsch der Eltern und Paten. Sie werden ihr Möglichstes tun, um die Kinder auf dem Weg in diese Welt zu unterstützen.

Aber dass sie dann doch einmal in ein Loch fallen, können die besten Eltern nicht verhindern. Daher geben wir ihnen heute die Taufe mit. In ihr steckt das Versprechen aus Psalm 57, das Gottes Güte reicht, soweit der Himmel ist und seine Wahrheit, soweit die Wolken gehen. Wo die Eltern nicht helfen können, mögen sie im Glauben an Gott eine Zuflucht finden, bis das Unglück vorüber gehe.

Modern heißt das „Work-Life-Balance". Wie kriege ich das später hin, dass mir als Familie der Horizont nicht immer kleiner wird. Wie kommen die Kinder zu ihrem Recht, wie die Eltern, wie der Beruf von beiden? Wo finde ich diese Wahrheit über mich, die so weit wie die Wolken geht? Wo darf ich noch zu mir stehen und bin nicht nur ein Rädchen im familiären oder beruflichen Getriebe, eingebunden und eingezwängt, so dass die Luft zu atmen fehlt?

Da braucht es in den Familien den Austausch miteinander und übereinander. Ein gutes Ohr, das hört, wie es dem anderen geht. Nicht nur ein Ohr für das Schreien der Kinder, das auch. Sondern ein Ohr für die Sorgen des anderen, die er mit dem Beruf oder mit der Familie hat. Dann reißt der Horizont neu auf und Gottes Güte wird im Alltag erfahrbar. Und wo gar nichts mehr geht, hilft zuletzt ein Gebet wie aus Psalm 57: *„Ich schreie zu Gott, dem Höchsten, zu dem Gott, der meine Sache zu einem guten Ende bringt."*

G.

Vom Horrortrip zur Hoffnungsgeschichte

Römerbrief 6,3-5 (Tauferinnerung in der Osternacht)

Empfohlener Taufspruch bei einer Erwachsenentaufe:
„ Lasst uns Schritt für Schritt die Wirklichkeit eines neuen Lebens ertasten, wie doch auch Christus längst von den Toten durch die unglaubliche Größe und Macht Gottes auferweckt worden ist." (Römerbrief 6,4b)

Liebe Gemeinde am Ostermorgen,

soeben haben wir feierlich die Osterkerze aufgestellt und entzündet und an unsere eigene Taufe gedacht. In der Taufe bildet sich für uns Christen in geheimer Weise das Geschehen von Karfreitag bis zum Ostermorgen ab. Paulus hat diese Verbindung zwischen der Taufe und dem Sterben am Kreuz, diese Verknüpfung zwischen unserer Taufe und der Kraft der Auferstehung seiner Gemeinde in Rom verdeutlichen wollen. Sie waren irre daran geworden, ob die Osterwoche, ob der Tod Jesu und seine Auferstehung wirklich ihr Leben verändern würde, wenn der Glaube als ein Geschenk, als reine Gnade verkündigt würde.

Die Antwort des Paulus fiel eindeutig aus. Christus hat nicht umsonst gelitten, die Macht der Auferstehung wird das Leben des Einzelnen ergreifen und umgestalten. Niemand soll denken, er könne einfach so weiter leben wie zuvor. Ostern muss sich direkt im Leben der Glaubenden auswirken, Ostern soll ihr Tun und Handeln prägen. Daher schrieb er die folgenden Verse an die Gemeinde in Rom:

„Ist euch nicht klar", sagt Paulus, „dass ihr alle, die ihr auf Christus[52] *Jesus getauft worden seid, auf seinen Tod (und dessen Bedeutung) hin getauft worden seid? Wir sind mit ihm bereits jetzt (wie) begraben durch die Taufe in die Wirklichkeit des Todes. Warum? Damit wir im Gegensatz dazu Schritt für Schritt*[53] *die Wirklichkeit eines neuen Lebens ertasten, wie doch auch Christus längst von den Toten durch die unglaubliche Größe und Macht*[54] *Gottes auferweckt worden ist. Wenn wir nämlich mit Jesus zusammengewachsen*[55] *sind, was den Tod als solchen betrifft, dann ist doch klar, dass wir die entsprechende Verbundenheit*[56] *mit ihm auch in der Auferstehung haben werden."*

Jugendliche heute fragen sich, was Ostern eigentlich mit ihnen und ihrem Leben noch zu tun hat. Klar, es gibt Geschenke, es gibt Schokohasen und jede Menge Eier und seit Wochen wird man in den Geschäften schon mit Werbung zugemüllt. Doch der Sinn dieses Festes wird ihnen nicht klar. Die Fragen bleiben unbeantwortet. Gab es diesen Jesus überhaupt, der an Ostern die Hauptrolle spielt? War er wirklich der Sohn von Gott, und wenn ja, was bedeutet das für mich?

---

[52] Paulus stellt hier den Titel „Christus" bewusst voran, weil es dabei nicht um einen Familiennamen, sondern um einen Ehrentitel geht, der den Auftrag Jesu als endzeitlicher König, als erwarteter Messias verdeutlichen soll, der sein Volk aus der Not zu neuem Leben zu führen versteht.

[53] Hier steht das Wort „περιπατεω/peripateo", was herumlaufen, wandeln bedeutet.

[54] Hier verwendet Paulus das Wort „δοξα/doxa", was Einheitsbibel und Lutherbibel mit „Herrlichkeit" übersetzen. Doch was bedeutet Herrlichkeit im Bezug auf die Auferweckung Jesu von den Toten? Es kann nur heißen, dass dort eine ungeheure Macht und Größe am Werk ist, eine Schöpfungskraft, die den Tod überwindet.

[55] Das Wort „συμφυτοι/symphytoi" meint von der Grundbedeutung wirklich „Zusammen-Gewachsene".

[56] Hier greift Paulus auf den Begriff „ομοιωμα/homoioma" zurück, der die völlige Übereinstimmung und Gleichheit mit etwas bezeichnet. Bauer übersetzt diese Stelle daher: „Wenn wir zusammengewachsen sind in der Gleichheit seines Todes (= durch d. gleichen Tod wie er)." Bauer, a.a.O. Sp.1124

Nun dieser Text des Apostel Paulus in der Osternacht, wo davon die Rede ist, dass wir mit Christus durch die Taufe begraben sind in den Tod. War das wirklich so, als ich als kleines Kind getauft wurde? Haben da meine Eltern an den Tod, an meinen Tod schon denken müssen? Schließlich, wie soll das mit der Auferweckung gehen? Wirkt nicht die Kirche eingeschlafen und scheint sie für junge Menschen nur noch wenig Lebendiges an sich zu haben? Das alles sind Gedanken, die irritieren und wie eine große Dunkelheit Jugendliche und eben nicht nur junge Menschen umgeben. Wer bringt Licht in diese Dunkelheit? Wer wagt es eine Kerze anzuzünden und auf den kommenden Morgen zu hoffen, der die Konturen des Lebens besser hervortreten lässt?

Einer, der dieses Wagnis eingegangen ist, heißt Patrik Schwarz. Heute ist er Redakteur einer großen Zeitung. Aufgewachsen ist er als Sohn einer Pastorin in München. Die Liebe zur Kirche, die Liebe zum Glauben, die Hoffnung auf einen Ostermorgen hatte er in seinen jungen Jahren fast schon verloren. Die Kirche schien ihm zu festgelegt, zu spießig. Beim allsonntäglichen Kirchenkaffee mit Mürbekeksen und Apfelsaft der Marke „Gut und Günstig“ verspürte Patrik Schwarz nichts mehr von der Macht und Herrlichkeit, mit der Gott als Vater seinen Sohn von den Toten auferweckt hatte. Er hatte nicht gerade den Eindruck, dass seine Kirche ihn auch nur annähernd so glücklich, frei und heiter machen könnte wie Yoga oder vielleicht Tantra-Massagen. Das Geschehen von Ostern, symbolisiert in der eigenen Taufe, war von seiner eigenen Lebenserfahrung weit entfernt.

Selbst die großen Kirchentage mit ihrem herausfordernden Slogan „Jute statt Plastik“ gaben Patrik Schwarz nichts mehr. Zudem steht er heute fassungslos vor den jüngsten Windungen einer Kirche, die die Öffentlichkeit beschuldigt, den aufgedeckten Missbrauch an Kindern als Kampagne zu inszenieren. Für Patrik Schwarz verrät die Kirche damit gerade Theorie und Praxis des Christentums und er fragt sich, was da überhaupt von seiner Kirche noch übrig bleiben soll.

Und trotzdem hat er in der Mitte des Lebens, da er fast vierzig geworden ist, etwas an Ostern neu entdeckt, das ihn die Botschaft des Paulus neu hören lässt. Konnte er zuvor mit der Aussage, durch die Taufe mit in den Tod Christi begraben zu sein, gar nichts anfangen und kam ihm das Kirchen-Cafe´ unter der Figur des gemarterten Mannes am Kreuz schon immer sehr bizarr vor, so blickt er heute anders auf diese Wundmale Jesu.

Patrik Schwarz sieht darin nun die Spuren seiner eigenen Verletzungen an Körper und Seele. Mittlerweile findet er es sehr tröstlich, dass in seiner Religion ein Gott verehrt wird, der ganz Gott und dennoch ganz Mensch sein soll. Ostern ist für ihn nicht nur das Fest der Auferstehung, das ginge ihm zu schnell. Dann gäbe es keinen Raum für die eigenen Schmerzen. Ostern erinnert ihn an die dunklen Seiten des Daseins, an erlebte Krankheitstage, an eigene Operationen, an einen Unfall und seine Folgen und an erfahren Trennungen von Menschen.

Was Patrik Schwarz an Jesus heute fasziniert ist die Tatsache, dass Jesus als Gottessohn, wenn er denn einer war, seinem Leiden hätte ausweichen können. Aber er tat es nicht, er stellte sich dem Schmerz, er erlitt sichtbare Wunden, und erst dann wurde seine Erlösung verkündet. Ostern bringt für ihn etwas auf den Punkt, was die moderne Wellness-Spiritualität gerne verdrängt: dass ein anderer Umgang mit den Schmerzen uns freier, glücklicher und heiterer machen kann. Weil die Taufe eben nicht nur das Begraben-Werden mit Christus, sondern auch die Auferweckung mit ihm verdeutlicht. So wird aus dem „Horrortrip Jesu“ am Karfreitag eine Hoffnungsgeschichte, die ihm selbst Hoffnung gibt.[57]

---

[57] Den Bericht über Patrik Schwarz habe ich aus der Zeitschrift „Die Zeit“, Ausgabe 31.03.2010. Heute findet man ihn aktualisiert unter Zeit-Online mit folgenden Hinweisen: Glaube: Wozu eine schlechte Kirche gut ist! Wochenlang hat Patrik Schwarz in der ZEIT über Missbrauchsfälle durch Geistliche berichtet. Er fragt sich: Warum trete ich nicht aus der Kirche aus? Von Patrik Schwarz 8. April 2010, 14:37 Uhr Aktualisiert am 23. Mai 2017, 1:13 Uhr

Ob diese Gedanken von Patrik Schwarz heutige Jugendliche überzeugen würden? Zumindest kennen sie das Begraben-Werden aus eigener Anschauung, dann, wenn sie selbst schon die Trennung von Eltern oder den Verlust von Verwandten erlitten haben und sie ihre Trauer darüber vor anderen nicht zeigen durften. Sie wissen, wie sich das anfühlt, wenn man in der Schule gemobbt und zum Außenseiter abgestempelt wird. Man ist vom Leben wie abgeschnitten, darf nicht mehr man selbst sein, muss den anderen dauernd etwas vorspielen. Die Taufe mit ihrer Erinnerung an den Tod Christi bekommt plötzlich eine bedrängende Bedeutung. Aber die gleiche Taufe enthält die Erinnerung an die Kraft der Auferstehung. Eine Kraft, die aus einem Horrortrip doch noch eine Hoffnungsgeschichte machen wird.

Finde ich im Glauben Zugang zu dieser österlichen Kraft, spüre ich, wie das Leben wieder in meinen Adern zu pulsieren beginnt? Mehr noch, die Taufe drängt zu einer Neuheit des Lebens, sagt uns der Apostel Paulus. Sie hat Auswirkungen im Umgang untereinander, sie hilft mir, wie es Patrik Schwarz bei sich feststellte, mit den erlittenen Schmerzen zurechtzukommen. Solche Erneuerung des Lebens durch die Taufe endet hoffentlich nicht in Scheinheiligkeit, wie es eine nette rabbinische Erzählung zum Ausdruck bringt.

Da sind zwei Gemeindeglieder seit Jahren zerstritten. Am Vorabend des Versöhnungsfestes, dem wichtigsten jüdischen Feiertag, unserem Ostern vergleichbar, ruft der jüdische Geistliche, die beiden Männer zu sich ins Büro. „Ihr müsst euch versöhnen“, sagt der Rabbiner zu beiden. „Was für einen Sinn hat es, in die Synagoge zu kommen und Gott um Vergebung für die begangenen Sünden zu bitten, wenn man nicht bereit ist, sich mit seinem Nachbarn zu versöhnen.“ Beide Männer sind von diesen Worten angerührt. Sie umarmen sich und versprechen, dass sie sich nicht mehr streiten werden. Als der Gottesdienst beendet ist, sagt einer der beiden zum anderen: „Ich wünsche dir all das, was du mir wünscht!“ Darauf der andere: „Fängst du schon wieder an?“

Die Umarmung vor dem Rabbiner war nicht ehrlich gewesen. Der Groll gegen den anderen war noch nicht verflogen. Der schöne Wunsch: „ Ich wünsche dir all das, was du mir wünscht!“, wurde als Angriff erlebt. Tod und Auferstehung Jesu Christi, unsere Taufe, sie bleibt belanglos, wenn da nicht in unserem Verhalten sich etwas ändert, wenn wir nicht fair und ehrlich miteinander umgehen, wenn es nicht zu einer Erneuerung des Lebens kommen kann. Wenn nicht beim Mobbing in der Schule ein Mitschüler den Mut findet, sich auf die Seite des Opfers zu stellen. Wenn wir nicht fähig sind, die Trauer eines anderen mitzutragen, so dass Tränen keine Schande sondern eine Erleichterung sind. Wenn wir uns nicht in der Arbeitswelt gegen die immer schnellere Ökonomisierung des Lebens wenden und verhindern, dass der Mensch zur reinen Maschine verkommt, die ausgetauscht wird, wenn sie ausgebrannt ist.

Die Taufe drängt zu einem neuen Leben, weil durch die Macht und Herrlichkeit des himmlischen Vaters Christus von den Toten auferweckt wurde. Auf diese Weise hat es Paulus zu sagen versucht. Seine Worte klingen in den Ohren der Jugendlichen noch fremd und holprig. Aber die Erfahrung des Unterdrückt-Werdens und der Ausgrenzung kennen sie. Und der Wunsch ist da, dass das Leben einfach wie von vorn beginnen könnte, dass es so etwas wie die Auferstehung geben müsste. Das können wir für uns an diesem Ostermorgen neu entdecken.

H.

Haste Töne

1. Samuel 16 (Sonntag Kantate – 4. So. nach Ostern)

Empfohlener Taufspruch: *„Der Geist des Herrn[58] erfüllte sein Inneres[59] von dem Tag (der Salbung[60]) an und weiterhin." (1.Samuel 16,13)*

(Anspiel mit Stups, einer großen Handsprechpuppe)

Sprecher: Guten Morgen, Stups. Heute wird hier viel gesungen, wir loben Gott für alles, was er uns Gutes getan hat. Hallo Stups! Hörst du mir überhaupt zu?

Stups: (Krächzt nur rum…..)

Sprecher: Was ist los, Stups? Du kriegst ja gar keinen Ton raus.

Stups: Gestern, gestern habe ich mich geärgert.

Sprecher: Geärgert, worüber denn?

Stups: Über den Paul. Der hat mir meinen Ball kaputt gemacht.

Sprecher: Der Paul? Aber der ist doch eigentlich ganz nett!

---

[58] Die Bibel in gerechter Sprache übersetzt die Worte „רוח יהוה/ruach adonaj" mit „die Geisteskraft Gottes". Ich folge hier eher der Übersetzung der Lutherbibel, die das sogenannte Tetragramm des eigentlich unaussprechbaren Gottesnamens mit „HERR" in Großschreibung wiedergibt.

[59] Hier steht das Wort „צלח/zalach", was „eindringen/durchdringen" bedeutet. Daher mein Übersetzungsversuch, dass der Geist des Herrn das innere Seelenleben von David erfüllt.

[60] Die Salbung durch den Propheten Samuel mit Salböl wird als äußere Begründung für die Geistbegabung des David in Vers 13a erwähnt. Daher füge ich sie hier nachgeschoben in den Taufspruch ein.

Stups: Aber der hat meinen Ball weggeschossen, da ist er in den Scherben gelandet und war kaputt. Da habe ich den ganzen Abend geweint. Jetzt kann ich kaum mehr sprechen.

Sprecher: Hat der Paul das extra gemacht?

Stups: (Wackelt nur mit dem Kopf und verneint die Frage!)

Sprecher: Na, siehst du, dann musst du gar nicht so traurig sein. Paul ist noch dein Freund.

Stups: Meinst du wirklich?

Sprecher: Klar doch. Vielleicht hat der Paul selbst einen Ball, mit dem ihr spielen könnt. Oder seine Eltern kaufen dir einen neuen.

Stups: (Mit hoher Stimme): Das wäre aber schöööön!

Sprecher: Gut, dann fragen wir mal bei Paul nach. Dann könnt ihr wieder zusammen spielen.

Stups: Und lachen!

Sprecher: Und singen!

Stups: Ja, wenn ich ein Tor geschossen habe, dann singe ich: Tor, Tor, Tor….

Sprecher: Geht doch, komm wir suchen den Paul!

Manchmal braucht man Hilfe, damit man wieder singen und hohe Töne anstimmen kann. Stups brauchte einfach einen, der ihm gesagt hat, dass sein Freund Paul gar nicht extra den Ball kaputt gemacht hat und dass es dafür Ersatz gibt. Das gab ihm Hoffnung und er fing wieder an zu sprechen und zu singen.

Auch wir haben heute Unterstützung im Singen durch unseren Posaunenchor. Er will uns in das neue Liedgut des Zusatzgesangbuches einführen. Das geschieht durch den Posaunenchor mehrstimmig und in vielen Klangfarben. Alle zusammen ergeben erst das große Lob dessen, der auf unserer Seite steht und helfen möchte, damit wir nicht traurig bleiben sondern fröhlich unsere Stimme erheben können. Hören wir uns diese verschiedenen Klangfarben einmal an. Ich bitte darum, dass die Trompete sich hören lässt.

Die Trompete klingt relativ hell. Sie spielt die Oberstimme, die Liedmelodie, ihr müssen wir beim Singen folgen, wollen wir Text und Melodie zusammenführen. Dennoch klingt es noch nicht rund und voll, es fehlen die Basstöne, die der Melodieführung erst den Unterbau geben. Deshalb hören wir dazu noch die Zugposaune.

Jetzt haben wir schon ein schönes Zusammenspiel von zwei verschiedenen Instrumenten. Aber was wäre ein Posaunenchor ohne ganz tiefe Instrumente wie die Tuba? Sie gibt den Rahmen für das ganze Musikstück, sie hält den Takt, woran sich alle anderen orientieren können. Wir hören die Tuba.

Schließlich, was wären alle diese schönen Blechblasinstrumente ohne diejenigen, die sie spielen. Der Ton wird eigentlich im Menschen und durch den Menschen erzeugt, nur durch seine Luft und seine Lippenbewegungen kann eine Trompete, Posaune oder Tuba spielen. Man kann sagen, dass die Blechblasinstrumente nur ein Verstärker der Töne sind, die unsere Bläser selbst hervorbringen. Daher sind unsere Musiker direkt am Lob Gottes beteiligt, sie lassen ihr Innerstes erklingen, damit wir mitsingen, mitfeiern können.

Zum Singen und Feiern regen uns heute zudem die kleinen Kinder an, die wir zur Taufe in den Gottesdienst gebracht haben. Wie beim Posaunenchor finden wir hier ganz unterschiedliche Stimmlagen, mal laut, mal leise, mal tiefer, mal höher, je nachdem, was die Säuglinge und Kleinkinder mit ihrer Stimme zum Ausdruck bringen wollen. Wenn sie lachen, klingt das schon völlig anders, als wenn sie hungrig sind und ihr Essen einfordern. Dann kommt ihre Stimme fast einer Sirene gleich, die man kaum aushalten kann. Dennoch erklingt durch sie das vielstimmige Lob dessen, der neues Leben in unserer Mitte erschaffen hat.

Deshalb singt ein Lied aus dem Zusatzgesangbuch mit dem Text von Fritz Baltruweit und Barbara Hustedt[61] in der ersten Strophe von diesem Wachsen und Werden, das sich zwischen Himmel und Erde ereignet und lobt Gott als die Quelle des Lebens. Direkter kann man das gar nicht erfahren, als wenn man selbst ein Neugeborenes in den Händen halten darf. Da spürt man das Wunder des Lebens, das einem geschenkt wurde, da staunt man über die Finger, die Füße, über das erste Lachen. Da ist man mit Dank erfüllt, dass bei der Geburt trotz mancher Komplikationen doch alles gut verlaufen ist. Eine fröhliche Melodie kommt einem über die Lippen: „Ich sing dir mein Lied – in ihm klingt mein Leben. Die Töne, den Klang, hast du mir gegeben."

Wie wichtig diese Melodie sein kann, wie sehr wir den darin enthaltenen Rhythmus für unser ganzes Dasein brauchen, hat die Erzählung aus dem 1. Samuel-Buch in Kapitel 16 deutlich gemacht. Es geht König Saul in Israel gar nicht gut. Ein böser Geist hätte von ihm Besitz ergriffen, sagt uns die Bibel. Kein Wunder, Saul vertraute Gottes gutem Geist nicht mehr, Saul vertraute lieber seinem Können und der eigenen Durchsetzungsfähigkeit. Irgendwie hatte Saul verlernt zu singen. Das ewige Krieg-Führen machte ihn innerlich hart. Wo war da noch das wunderbare Leben, das zum Singen verleitet, wo spürte er noch die Schöpferkraft Gottes, vor dem man nur staunend seine

[61] Siehe EGplus, Beiheft zum Evangelischen Gesangbuch für die Evangelische Kirche in Hessen und Nassau und die Evangelische Kirche von Kurhessen-Waldeck, hrsg. von Christa Kirschbaumund Uwe Maibaum, 1. Auflage Kassel 2017, Liednummer +96

Stimme erheben kann? Nein, Saul war nicht zum Singen aufgelegt, der Staatshaushalt kostete Unsummen, alle wollten Geld von ihm, alle wollten ein Stück vom Kuchen abhaben. Saul verlor mehr und mehr die Gnade und Treue Gottes aus dem Blick und geriet in eine miese Stimmung. Was sollte da helfen?

Die Idee seines Hofstaates lag in der Musik. Die konnte einen neuen Lebensrhythmus vorgeben, neuen Schwung bringen, ein Musiker musste her, der sein Fach verstand. Man fand ihn in dem jungen David, dem jüngsten Spross aus dem Haus des Isai. Der war des Saitenspieles kundig, dazu ein tapferer Mann und tüchtig im Kampf und hatte etwas in der Birne. Der war nicht blöd, konnte sich ausdrücken, dachte erst nach und handelte dann. Gut aussehend war er obendrein, schildert uns die Bibel. So dauerte das Vorstellungsgespräch nicht allzu lange und David war bald als Bediensteter im Königshaus eingestellt, Waffenträger und Kantor zugleich. Denn immer wenn Saul wieder depressiv war und seinen Lebensrhythmus verlor, spielte ihm David etwas auf der Harfe vor. Die Töne nahmen seine Seele mit, zogen sie aus dem Dunkel der Ratlosigkeit und inneren Qual nach oben, wie wenn ein Vogel zwitschernd auf einen Ast fliegt und dort fröhlich sein Lied singt. Mit Saul wurde es gleich besser und der böse Geist wich von ihm, weiß die Bibel zu berichten.

Das ist der Grund für den Kirchengesang und das Spiel der Posaunen bis heute. Wir sollen mitgenommen werden durch die Klänge in das Lob dessen, der unserem Leben einen neuen Rhythmus und Schwung geben will. Er will uns in seine Geschichte mit dieser Welt hineinnehmen, möchte uns über das Singen wissen lassen, dass wir nicht alleine sind. Denn im Gesang der vielen dürfen wir uns getragen fühlen, dürfen mit der je eigenen Stimme mitsingen und unser Wort erheben. Wir dürfen uns auf sein Wort verlassen, das uns zugleich fordert und fördert. In seiner Nähe, in Gottes Nähe, dürfen wir heil werden, erfahren wir in der dritten Strophe des Liedes von Batruweit und Husteck. Das bedeutet, dass wir von Gott Höhen und Tiefen des Daseins annehmen können, weil er uns trotz Streit und Verletzung zusammenhält, wie es die vierte Strophe besingt.

Natürlich bleibt uns das Schicksal des Königs Saul immer eine Mahnung. Automatisch funktioniert das mit dem Singen nicht! Also Radio im Auto angeschaltet und mir geht es gleich wieder gut, weil ich einen bekannten Song höre und mitsummen kann, wenn das nur so einfach wäre. Saul kam letztlich aus seiner tiefen inneren Verstimmung nicht heraus, weil er der Quelle des Lebens nicht mehr traute. Er hatte Sorge, dass er sein Amt und Einfluss verlieren würde, wenn er sich nicht bereicherte. Er wollte selbst herrschen und nicht mehr hören, was Gott ihm raten wollte. „So wahr mir Gott helfe", dieser Satz kam ihm als Politiker immer weniger über die Lippen. Damit verstummten die Töne der Hoffnung auf den steinigen Wegen, die er zu gehen hatte.

Mit einem flotten Liedchen können wir nicht einfach unsere Sorgen beiseiteschieben und uns vor tiefen Depressionen bewahren. Das Lied muss einen guten Inhalt haben, soll singen von Gottes Geist, der uns neuen Mut schenken kann, weil er die Quelle des Lebens ist und bleibt, weil er weiter sieht als wir sehen können und unseren Ruf nach Hilfe hört, wenn er ernst gemeint ist. Er lässt uns nicht die Luft ausgehen, wo der Alltag vielleicht manchmal wenig zum Singen einlädt, dort wo wir leben und arbeiten, bei der Post, bei der Polizei, im Krankenhaus, zuhause in der Familie. Dieser Geist schenkt uns Luft zum Atmen und Singen, durch ein aufmunterndes Wort eines Kollegen, durch ein Lob vom Chef „Mensch, du hast deine Sache gut gemacht!", durch die Stimme und das Lachen des eigenen Kindes zuhause, wo man einfach mitlachen muss.

„Du Zukunft des Lebens – Dir sing ich mein Lied“, damit enden Baltruweit und Hustedt ihren Lobgesang auf Gott. Einer Zukunft, der man vertrauen darf, weil sie vom Schöpfer des Lebens kommt. Er hat mit Ostern uns sogar die Neuschöpfung vor Augen gestellt, Leben dort, wo andere nur noch den Tod gesehen haben. Er ließ uns an Ostern aufatmen und singen: „Jesus lebt, mit ihm auch ich. Tod, wo sind nun deine Schrecken?“

Das befreit unsere Seele von falschen Fesseln und gibt uns die Kraft, Kinder in diese nicht immer einfache Welt hineinzuführen. Denken sie dabei an die unterschiedlichen Instrumente, von denen am Anfang die Rede war. Wir brauchen sie alle zum vielstimmigen Gesang. Die Trompete für die Melodie, die Posaune für den Bariton und den Bass für das Grundgerüst, das den anderen Halt im Musizieren gibt. So wird jedes Kind seinen eigenen Ton finden und in das große Konzert der Stimmen einbringen können, zum Lob Gottes, der uns immer wieder seine Wunder erfahren lässt.

I.

Soll man alle Wünsche und Bitten von Kindern erfüllen?

Lukasevangelium 11,5-13 (Sonntag Rogate)

Empfohlener Taufspruch: *Jesus spricht: „Bittet und es wird euch gegeben werden; suchet und ihr sollt finden; klopfet an und es wird euch geöffnet werden.“ (Lukasevangelium 11,9)*

(Anspiel mit Handpuppe mit Namen Stups)

Sprecher: Das ist ja schön, dass du in den Gottesdienst zur Taufe gekommen bist, Stups. Aber du schaust ja so missmutig drein, was ist denn los?

Stups: Ich darf nicht!

Sprecher: Was darfst du nicht!

Stups: Ich darf nicht rausgehen.

Sprecher: Aber du bist doch rausgegangen, hier zu uns in die Kirche!

Stups: Ach, in die Kirche darf ich gehen. Aber nicht zu meinem Freund.

Sprecher: Warum denn nicht? Habt ihr vielleicht etwas angestellt?

Stups: Nein, wir haben nur geangelt!

Sprecher: Nur geangelt? Wo denn, im Twiste-See?

Stups: Nein, wir haben beim Nachbarn im Teich geangelt,.... Goldfische!

Sprecher: Was, Goldfische habt ihr geangelt?! Aber das ist bestimmt nicht erlaubt, da wird euer Nachbar ganz schön böse gewesen sein.

Stups: War er auch. Er ist mit dem Besen hinter uns her gelaufen. Das war eigentlich noch lustig, denn er hat uns nicht gekriegt.

Sprecher: Na, dann ist doch alles in Ordnung.

Stups: Ist es nicht!

Sprecher: Wieso nicht!

Stups: Der Nachbar hat bei meiner Mutter angerufen wegen der blöden Goldfische, es waren doch nur fünf Stück, die wir rausgeholt haben.

Sprecher: Fünf Stück, das ist aber eine Menge! Hat deine Mutter geschimpft?

Stups: Die war ziemlich sauer, weil sie uns verboten hat, zum Nachbarn zu gehen. Sie hat immer Angst, dass wir in den Teich fallen. Aber wir können doch alle schwimmen, meine Freunde und ich.

Sprecher: Und jetzt dürft ihr nicht rausgehen und habt zur Strafe Hausarrest?

Stups: Gemein, heute ist so schönes Wetter und wir wollten Fahrrad fahren.

Sprecher: Na, ich verstehe deine Mutter schon ein bisschen. Ihr hättet eben hören sollen, man klaut beim Nachbarn keine Goldfische.

Stups: Wir haben sie nicht geklaut, wir haben geangelt!

Sprecher: Geklaut, geangelt, egal, auf jeden Fall habt ihr den Nachbar damit geärgert, das kann eure Mutter nicht gutheißen.

Stups: Ich will aber raus!

Sprecher: Dann frage deine Mutter, ob du rausdarfst zu deinem Freund.

Stups: Meinst du, das bringt was?

Sprecher: Klar! Wenn du es ganz nett anstellst. Du kannst dir ja überlegen, was du statt des Stubenarrestes machen willst, z.B. den Hof kehren.

Stups: Den Hof kehren, das ist lannggweeillig !!!

Sprecher: Immer noch besser als nicht raus zu können. Frag deine Mutter mal.

Stups: Wenn du meinst, vielleicht geht sie auf das Geschäft ein, vielleicht hört sie ja meine Bitte.

Sprecher: Ganz bestimmt! Deine Mutter ist doch kein Unmensch, auch wenn du ein Goldfischräuber bist. Nach dem Gottesdienst kannst du ihr gleich deine Bitte vortragen.

Stups: Na gut, ich versuche es!

So ist das manchmal mit dem Bitten. Man kommt nicht direkt zum Ziel, Stups muss sich schon was ausdenken, damit seine Mutter auf den Handel eingeht. Denn die ist klug genug gewesen, die unerlaubte Angelei zu bestrafen. Eltern dürfen ihren Kindern nicht alles durchgehen lassen, sie müssen ihnen Grenzen aufzeigen und darüber sprechen, was gut und was schlecht, was erlaubt und was unerlaubt ist. So schützen sie ihre Kinder vor Fehlern und helfen ihnen, sich in der Gesellschaft zurechtzufinden.

Dabei sagt Margrit Stamm, die heute als Direktorin eines Schweizer Erziehungsinstitutes arbeitet, das man gar nicht zu zart mit Kindern umgehen braucht:
„Eltern sollten sich vor Augen halten: Kinder sind sehr robust! Natürlich brauchen sie Liebe, Unterstützung und ein gutes Umfeld. Aber sie können etwas aushalten. Die Vorstellung des robusten Kindes ist leider von der Vorstellung des verletzten Kindes abgelöst worden. Wir sollten jedoch das Vertrauen in die Kräfte des Kindes stärken. Aus Enttäuschungen und Niederlagen kann es vieles lernen.“ [62]

Margrit Stramm macht den Eltern Mut, froh und frei in die Zukunft ihres Kindes zu schauen und nimmt ihnen die Angst davor, dass Kinder sich nicht entwickeln, wenn nicht alles perfekt geregelt ist oder wenn man Kindern einmal Wünsche und Bitten abschlagen muss. Es sei für die Entwicklung der Kinder nicht gut, ihnen alle Hindernisse aus dem Weg zu räumen und sie bei kleinsten Defiziten schon in die Therapie zu schicken. Gebt den Kindern Freiraum, ist daher ihr Votum für die Erziehung. Aber lasst auch einmal Langeweile bei den Kindern zu und lest ihnen nicht jeden Wunsch von den Lippen ab, das fördert ihre eigene Kreativität.
In der Bibel werden wir heute zum Sonntag Rogate geradezu ermutigt, unsere Bitten laut werden zu lassen und uns betend und bittend an Gott zu wenden. Auch Gott wird als weiser Erzieher seiner Menschen

[62] Publik Forum 2/2017 S. 23

nicht jeden Wunsch uns erfüllen, er wird darauf achten, was uns gut tut und was nicht so gut ist. Aber wir dürfen mit der grundsätzlichen Gewissheit leben, dass unsere Bitten wenigstens erst einmal angehört werden. Dazu erzählt Jesus seinen Jüngern folgende Geschichte:

Wenn irgendeiner von euch einen Freund hat[63] *und ginge zu ihm um Mitternacht und spräche zu ihm: Freund, borge mir drei Brote; denn mein Freund ist unterwegs zu mir gekommen, und ich habe nichts da, was ich ihm vorsetzen könnte, wird dann etwa jener drinnen antworten und sprechen: Mach mir keine Mühe! Die Tür ist längst verschlossen, und meine Kinder sind mit mir bereits zu Bett gegangen; ich kann nicht aufstehen und dir etwas geben. Ich sage euch: Wenn er auch nicht aufstehen wird und ihm etwas gibt, weil er sein Freund ist, dann wird er doch wegen seiner Unverschämtheit*[64] *aufstehen und ihm geben, was er verlangt. Und ich sage euch zudem: Bittet und es wird euch gegeben werden; suchet und ihr sollt finden; klopfet an und es wird euch geöffnet werden. Denn ein jeder, der bittet, der empfängt; und wer sucht, der findet; und wer anklopft, dem wird geöffnet. (Lukasevangelium 11,5b-10)*

Soweit die Worte von Jesus. Unsere Bitten, unserer Gebete sollen bei Gott nicht auf taube Ohren stoßen. Wie bei dem Menschen, der für seinen Besuch zur Unzeit nachts noch Brote vom Nachbar haben will und sie bekommt, weil er nicht aufhört an der Türe zu klopfen, so wird es bei der Bitte sein, die wir an Gott richten. Er wird sein Ohr uns zuwenden und uns anhören und uns das Gute im Leben gönnen.

---

[63] Sowohl das Wort „ἑξει/häxei=haben“ wie auch das Wort “πορευσεται/poreusetai = gehen, reisen“ sind im Futur konstruiert, das dem semitischen Imperfekt entspricht und die Möglichkeit in der Zukunft anzeigt. Siehe dazu Rienecker a.a.O. S.157.

[64] Rienecker weist darauf hin, dass das Wort „αναιδεια/anaideia= Schamlosigkeit oder Unverschämtheit“ hier nicht im tadelnden Sinne verstanden werden darf, sondern von der Unermüdlichkeit des Bittens spricht. Siehe Rienecker a.a.O. S.157. Luther übersetzt die Stelle mit „unverschämten Drängen“.

„Denn", so sagt es Jesus, *„gibt es unter euch einen Vater, der, wenn der Sohn ihn um einen Fisch bittet, anstatt des Fisches ihm eine Schlange geben wird? Oder der ihm, wenn er um ein Ei bittet, einen Skorpion dafür geben wird? Wenn nun ihr, die ihr böse seid, es versteht euren Kindern gute Gaben zu geben, um wieviel mehr wird der Vater im Himmel*[65] *den heiligen Geist geben denen, die ihn bitten! (Lukas 11,11-13)*

Gott will uns seinen guten Geist zum Leben geben, damit wir den richtigen Weg im Leben finden. Um was wir bitten sollen, steht schon im Vaterunser[66] geschrieben. Wir sollen um Gottes Reich bitten, also um eine Welt, wo Gerechtigkeit und Wahrheit groß geschrieben werden. Wir sollen darum bitten, dass sein Wille geschieht. Weil Gott einfach viel größer ist als wir selbst und einen guten Überblick hat, so wie Eltern den größeren Überblick haben und selbstverständlich für ihre Kinder mitdenken und mitplanen. Wir dürfen um unser tägliches Brot bitten, weil Gott uns das Auskommen gönnt. Was ja nicht heißt, dass dieses Brot vom Himmel fällt. Wir müssen dafür arbeiten. Doch die Arbeit, so konfliktreich sie vielleicht manchmal ist, gibt uns innere Zufriedenheit und Bestätigung. Dazu will uns Gott Kräfte verleihen, dazu schenkt er uns die Gesundheit, dazu hilft er uns, wenn wir krank waren, wieder auf die Beine.

Schließlich dürfen wir um Vergebung bitten, weil Gott uns längst vergeben hat, selbst wenn wir das vielleicht noch gar nicht glauben oder annehmen können. Ja, in der Bibel lesen wir von Gottes Zorn, wenn Menschen sich von ihm abwenden und auf krumme Wege

---

[65] So übersetzt die Luther –und die Einheitsbibel. Im Urtext steht „ὁ εξ ουρανου/ ho ex uranu", was übersetzt heißt: „der aus/ vom dem Himmel (ist)". Damit wird die Bewegung des Gebens vom Himmel zur Erde betont. Allerdings ist die gesamte Textstelle etwas unsicher und daher gibt es verschiedene Vorschläge in den Handschriften, wie man den Bezug des Vaters zum Himmel klären sollte. Die Handschrift P45 sagt z.B.: „Euer himmlischer Vater".

[66] Siehe dazu Lukas 11,1-4. Das Vaterunser ist bei Lukas der Erzählung vom bittenden Freund vorangestellt.

geraten. Aber noch mehr lesen wir von seiner Liebe, die den sucht, der sich verirrt hat. Was er wohl zu Stups gesagt hätte, der dem Nachbarn die Goldfische aus dem Teich geangelt hat? Gelacht hätte er über diesen Streich, aus vollem Herzen. Aber nach außen hin wäre er streng geblieben, hätte es nicht auf die leichte Schulter genommen, damit die Kinder lernen, was geht und was eben nicht geht und wie man wieder etwas gut machen kann, wenn man etwas angestellt hat, was andere geschädigt hat.

Bittet und es wird euch gegeben werden; suchet und ihr sollt finden; klopfet an und es wird euch geöffnet werden. Denn ein jeder, der bittet, der empfängt; und wer sucht, der findet; und wer anklopft, dem wird geöffnet. So macht uns Jesus Mut, mit unseren Bitten und Wünschen nicht hinter dem Berg zu halten. Nicht jeder Wunsch wird so in Erfüllung gehen, wie wir es dachten, wie es eben auch in der Kindererziehung nicht gut ist, alle Wünsche direkt zu realisieren. Sonst werden Eltern schnell zu Leibeigenen ihrer Kinder und tun ihnen damit gar keinen Gefallen, meint Simone Blaß in einem Internet-Chat.[67]

Von einer "Servicewüste Deutschland" könne man, zumindest was das durchschnittliche Familienleben angeht, eigentlich nicht sprechen. „Wünschen sich die Kinder Fischstäbchen, werden wir es möglich machen. Auch die Schorle bekommen sie, wenn gewünscht, mit Blubberwasser. Es ist ja auch nichts dabei, seine Kinder ein bisschen zu verwöhnen, ihnen mit einem Strohhalm in der Lieblingsfarbe eine Freude zu machen oder ihnen zur Hand zu gehen, wenn sie bei Alltäglichkeiten Hilfe brauchen. Doch wo ist die Grenze zwischen "verwöhnen" und "verwöhnt"?“, fragt Simone Blaß.

---

[67] "Verwöhnt!" Wenn Eltern zu Leibeigenen ihrer Kinder werden 12.07.2013, 15:49 Uhr | Simone Blaß, t-online.de

Die Grenze liegt wohl da, wo man Kinder durch permanente Wunscherfüllung unfähig macht, sich auf andere Umstände einzustellen. Sie können dann an Herausforderungen nicht wachsen, werden schon revoltieren, wenn es beim Nachbarn zum Abendessen mal nicht die gewünschte und gewöhnte Wurstsorte gibt. Wer den Kindern alle Wünsche von den Lippen abliest, wird sie eher lebensuntüchtig machen. Was nicht heißt, dass Kinder ihre Wünsche nicht benennen sollten. Dann kann man mit ihnen darüber reden, was geht und was nicht geht. Sie werden ernst genommen und lernen mit Frustrationen umzugehen und auf Dinge zu warten. Bevor man Kindern aus Bequemlichkeit einen Wunsch erfüllt, sollte man ihnen die Erledigung einer Aufgabe zutrauen und sei es nur, dass sie die Schnürsenkel vom Schuh binden oder den Popo möglichst bald selbst abwischen können. Das entlastet die Eltern bei der Erziehung und macht Kinder stolz, wenn sie selbstständig werden.

Rogate, bittet, so werden eure Bitten erhört, das ruft uns der Sonntag zu. Damit wir nicht verzweifeln in mancher Not, damit wir immer in Gott einen Ansprechpartner haben. Damit wir erfahren, wo wir mit unserer eigenen Kraft an die Grenzen des Machbaren kommen und wirklich Hilfe nötig haben. Damit wir anderen Hilfe geben, die uns um Unterstützung bitten. Und damit wir so füreinander zu Paten werden, die den anderen aufmerksam begleiten, so dass er oder sie bald selbst auf eigenen Beinen stehen kann.

J.

Leben in einer anderen Welt – Pippi Langstrumpf

Apostelgeschichte 2 (Pfingstsonntag)

Empfohlener Taufspruch: *„Sie beschäftigten sich eifrig mit der Unterweisung der Apostel und waren dauernd bedacht auf die Gemeinschaft untereinander, das Brotbrechen und das Gebet.“ (Apostelgeschichte 2,42)*

Kennen sie, kennt ihr folgende Melodie? Natürlich haben sie, habt ihr die Melodie gleich erkannt. Es ist das Lied von Pippi Langstrumpf, dem starken Mädchen, das ganz anders lebt als Tommy und Annika, ihre Freude. Bei Pippi läuft das Leben einfach anders. Pippi ist, wie wir alle wissen, ein freches neunjähriges Mädchen mit Sommersprossen, dessen rote Haare zu zwei abstehenden Zöpfen geflochten sind. Sie vereinigt in sich viele Sehnsüchte und Eigenschaften, die sich Kinder wünschen. Sie hat ein eigenes Pferd, lebt allein in einem eigenen Haus, der *Villa Kunterbunt*, und ist sehr mutig. Auch ist Pippi das stärkste Mädchen auf der Welt. Sie bestreitet mit ihrem Vater, wenn beide sich treffen, diverse Kraftproben und stemmt zum Beispiel auf einer Feier ihr Pferd, auf dem ihre Freunde Tommy und Annika sitzen, in die Höhe. Ein anderes Mal besiegt sie einen Ringer auf dem Jahrmarkt. Da Pippi allein ohne Eltern wohnt, kann sie alles tun und lassen, was sie möchte.

Pippi lebt damit in einer Gegenwelt, wo die normalen Autoritäten nicht zählen, wo Sehnsüchte und verborgene Wünsche der Kinder in Erfüllung gehen. Ihre Erfinderin, Astrid Lindgren, sagt selbst folgende Worte über ihre Pippi, als sie 1944 das erste Manuskript an den schwedischen Verlag „Bonnier“ schickt:

"Pippi Langstrumpf ist, wie Sie merken werden, wenn Sie sich die Mühe machen, das Manuskript zu lesen, ein kleiner Übermensch in Gestalt eines Kindes, in ein ganz normales Milieu gestellt. Dank ihrer übernatürlichen Körperkräfte und einiger anderer Umstände ist sie ganz unabhängig von allen Erwachsenen und lebt ihr Leben wie es ihr gefällt. Bei Zusammenstößen mit großen Leuten behält sie immer das letzte Wort. Bei Bertrand Russell lese ich, dass der vornehmliche und instinktive Drang in der Kindheit das Verlangen ist, erwachsen zu werden oder, besser gesagt, der Wille zur Macht, und dass sich das normale Kind in seiner Phantasie Vorstellungen hingibt, die den Willen zur Macht bedeuten. Ich weiß nicht, ob Bertrand Russell recht hat, aber ich bin geneigt, das zu glauben, nach der krankhaften Beliebtheit zu urteilen, die sich Pippi Langstrumpf in einer Reihe von Jahren bei meinen eigenen Kindern und ihren gleichaltrigen Freunden erfreut hat."[68]

Das hat Astrid Lindgren 1944 geschrieben, als in ganz Europa ein grauenvoller Krieg herrschte und der Willen zur Macht ganze Länder in den Untergang getrieben hat. Da schreibt, während anderswo die Bomberverbände über den Städten dröhnen und an den Grenzen große Panzerschlachten geschlagen werden, eine bis dahin unbekannte Hausfrau für ihre kranke und dadurch gelangweilte Tochter die lustige Geschichte von Pippi Langstrumpf. Drei Jahre war es da schon her, dass die Tochter an einer Lungenentzündung erkrankt war und wochenlang das Bett hüten musste. Nun, im März 1944 hatte es in Stockholm nochmals geschneit, und Astrid Lindgren war auf dem Schnee ausgerutscht und hatte sich das Bein gebrochen. Dadurch fand sie Zeit, die vielen ausgedachten Geschichten über Pippi zu Papier zu bringen und aufzuschreiben.

---

[68] Eine Abschrift dieses Briefes findet sich unter der Internetadresse: efraimstochter.de., Abteilung: „Rund um Pippi Langstrumpf – So fing alles an“

Und obwohl sie ein Mädchen mit außerordentlichen Kräften beschreibt, das alleine ohne Eltern in einem großen Haus zurechtkommen muss, führt ihre Beschreibung Kinder nicht ins Chaos der Gefühle, sondern holt sie vielmehr dort raus. Denn mit Pippi dürfen sie eine andere, für Kinder glücklicherer Welt betreten, sie dürfen Dinge denken und fantasieren, die sonst nicht in der Erwachsenenwelt erlaubt sind. Pippi stellt mit ihren Sprüchen die Welt der Erwachsenen und ihre Zwänge immer wieder infrage und befreit zum Lachen. So behindert sie die Ausübung der Gewalt und den Willen zur absoluten Macht. Mitten im Krieg, wo die Erwachsenen die Muskeln spielen lassen und sich gegenseitig wehtun, schafft Pippi diese andere Welt des Spiels, der Freude, der Freundschaft und des Zusammenhalts.

Daher ist Pippi in der Kinder-und Jugendbuchliteratur ein Star geblieben und wurde oft verfilmt. Selbst Erwachsene sind bis heute von dieser Gegenwelt begeistert, die uns durch Astrid Lindgren mit der Figur der Pippi Langstrumpf vor Augen gemalt wird. Manuela, schon 40 Jahre alt, schrieb Folgendes[69]:

„Ich bin 40 Jahre alt und schaue mir heute noch Pippi Langstrumpf an!! Dieser Film passt einfach zu ihr, ein lustiges liebes gescheites Mädchen!! Ich finde, dass Pippi auch mit diesem Film zeigt, dass das Leben auch viel Spaß machen kann!! Von Kind auf liebe ich diesen Film bis heute noch. Leider kennen die meisten Jugendlichen die Pippi nicht!!! Das finde ich sehr schade, wenn man heute gegen früher die Kinderfilme ansieht ... fürchterlich oft mit Schimpfwörtern - das finde ich, gehört nicht ins Fernsehen!!! Liebe Grüße"

Pippi Langstrumpf kann also Kindern und Erwachsenen helfen, in eine andere Welt einzusteigen und dadurch diese nicht immer leichte Welt zu bewältigen oder ihr einen Spiegel vorzuhalten.

---

[69] Ebd. als fünfter Kommentar zum angegebenen Artikel über die Entstehung von Pippi Langstrumpf.

Gleiches schafft die Bibel, wenn sie uns von den Anfängen der ersten Christenheit heute im Predigttext erzählt. Da ist in der Apostelgeschichte im zweiten Kapitel die Rede davon, wie durch die Predigt des Petrus viele Menschen aus ihrer alten Welt aussteigen und in die neue Welt des Glaubens einsteigen möchten. „Tut Buße", sagt Petrus, oder wörtlich übersetzt: „Ändert euren Sinn! Werdet wieder wie Kinder. Die träumen vom Erwachsenwerden und dem Willen zur Macht. Aber sie wollen mit ihrer Macht nicht die Welt erobern und zerstören, sondern falsche Autoritäten entlarven und schlechte Wege aufdecken." „Tut Buße", sagt daher Petrus seinen Zuhörern, „ denn dem Jesus, der einen kindlichen Glauben an Gott zurückgebracht hat, habt ihr Böses angetan. Aber es gibt dieses andere Land, wo ihr nicht mehr gewalttätig sein müsst, wo ihr auf Gott vertrauen dürft. Der gibt euch, was ihr braucht. Zum Zeichen, dass ihr dieses neue Land des Glaubens betreten wollt, lasst euch taufen."

Was, glauben sie, passierte nach dieser Rede? Viele ließen sich damals taufen, berichtet Lukas in seiner Apostelgeschichte, und mit den vielen Taufen entstand die erste christliche Gemeinde, eine neue Welt, eine Gegenwelt, die anders lief und andere Gesetze hatte, eine erste Villa Kunterbunt, wo alle Umstehenden nur staunen konnten, wie die ersten Christen zusammengelebt haben. Ich lese aus der Apostelgeschichte im 2. Kapitel vor:

42 Sie beschäftigten sich eifrig[70] *mit der Unterweisung der Apostel und waren dauernd bedacht auf die Gemeinschaft untereinander, das Brotbrechen und das Gebet. 43 Aber eine Furcht ergriff jede Seele und es ereigneten sich sowohl viele Wunder*[71] *wie auch Zeichen durch*

---

[70] Das Wort „προσκαρτερεω/proskatereo" bedeutet, dass man an einer Sache festhält und sich emsig mit ihr beschäftigt bzw. dauernd auf sie bedacht ist. Siehe dazu Bauer, Wörterbuch zum Neuen Testament, Berlin/New York 1971, Sp.1419.

[71] In der griechischen Literatur sind mit „τερατα/terata" von Gott gewirkte Schrecknisse gemeint, welche z.B. die vernichtenden Folgen von Sullas Feldzug in Italien voraussagen. Siehe Bauer a.a.O. Sp. 1608. Solche „Schrecknisse" im

die Apostel. 44 Alle aber, die zum Glauben fanden, blieben am selben Ort[72] *beieinander und hatten alles gemeinsam. 45 Sie verkauften Hab und Gut und teilten es unter alle aus, wie es einer nötig hatte. 46 Einerseits harrten sie täglich einmütig im Tempel aus, andererseits brachen sie Brot in einzelnen Privathäusern*[73]*. Sie erhielten ihren Anteil an der Speise mit Freude und ohne Hintergedanken*[74] *47 und lobten Gott und fanden Wohlwollen*[75] *beim ganzen Volk. Der Herr aber fügte täglich solche, die gerettet wurden, zur Gemeinschaft*[76] *hinzu.*

Was für eine andere Welt wird uns hier aus der ersten christlichen Gemeinde geschildert. Die waren durch die Taufe komplett aus ihrem alten Leben ausgestiegen und hatten sich neu orientiert. Plötzlich hatten sie Zeit, auf Gottes Wort zu hören. Also hinhören, nachdenken und dann erst handeln, das tut gut. Sie hatten Zeit füreinander, Gemeinschaft war groß geschrieben, das übliche Gegeneinander, das belastende Konkurrenzdenken war vergessen. Man feierte zusammen Gottesdienste, man sorgte für andere und teilte seine Habe. Man lud die Nachbarn zum Grillen ein und sah sich nicht vor dem Amtsrichter. O Wunder über Wunder, was da geschah und was die Taufe an Veränderung gebracht hatte. Denn mit der Taufe war Gottes Geist in

---

Umfeld der neu entstehenden Kirche beleuchtet Apostelgeschichte 5 mit der Erzählung von Hananias und Saphira, die meinen Gott betrügen zu können und nach ihrer Entlarvung tot umfallen.

[72] „εναι επι το αυτο/enai epi to auto“ meint hier „am selben Ort versammelt zu sein“. Siehe Bauer, a.a.O. Sp. 245/246 unter Nr.4b.

[73] Im Singular meint „κατ΄οικον/ kat΄oikon“ „im einzelnen Privathaus“. Siehe Bauer, Sp.1109.
Luther 1984 übersetzt: „hier und dort in den Häusern“.

[74] „αφελοτης καρδιας /aphelotäs kardias“ meint die Schlichtheit/Einfalt des Herzen. Doch wer versteht das heute noch. Daher meine Übersetzung „ohne Hintergedanken“.

[75]Hier steht das Wort „χαριϛ/charis=Gnade“.

[76] Die Gemeinschaft wird hier mit den Worten „επι το αυτο/epi to auto“ bezeichnet. Wörtlich: „Auf dasselbe hin“, also auf denselben Ort bezogen, wo die Gemeinde sich zusammengefunden hatte.

den Herzen der Getauften aktiv geworden, ein Geist des Frieden und der Liebe, der Kraft und der Besonnenheit. Selbst Pippi Langstrumpf hätte da nicht schlecht gestaunt, denn der machte es ja Spaß, wenn die Verhältnisse mal auf den Kopf gestellt wurden.

Als Pippi mal von zwei Dieben überfallen wird, entwaffnet sie diese einfach mit den Worten: „Kommt herein oder bleibt draußen! Wie ihr wollt. Ich zwinge niemanden.“ So entwaffnend wirkte, was die ersten Christen nach ihrer Taufe gemacht haben. Einfach alle Dinge gemeinsam haben, so dass keiner besser als der andere dastand, das hat den Krieg gegeneinander unterbunden. Einfach dem helfen, der es nötig hatte und ihn nicht liegen lassen, das macht das Zusammenleben möglich. Einfach mit Anderen Gott loben und ihm für alles Gute im Leben danken, das vertreibt die Angst vor der Zukunft.

Unsere Welt braucht diese Gegenwelt, wo nicht alles mathematisch berechenbar ist. Wo der Glaube und das Wunder noch einen Platz hat, wo Gott noch etwas für uns tun kann und wir staunen können, was und wie er es tut, und sei es in der Geburt eines kleinen Kindes. Deswegen rechnet Pippi ganz anders und singt: *„2 x 3 macht 4 widdewiddewitt und Drei macht Neune!! Ich mach' mir die Welt widdewidde wie sie mir gefällt.“* Unsere Welt braucht so etwas wie die Villa Kunterbunt, die die Fantasie der Kinder freisetzt und sie stark macht. Die Erwachsenenwelt ist dann für Kinder nicht mehr so bedrohlich. Was einem ansonsten Angst machen würde, wird von Pippi, der Heldin mit den roten langen Zöpfen, spielend überwunden. Pippi kann das mit einem Satz tun, wenn sie z.B. sagt: "Oh, ich muss heute wieder einen Glückstag haben. Polizisten sind das Beste, was ich kenne - gleich nach Rhabarbergrütze."

Freuen wir uns daher, dass Menschen sich bis heute taufen lassen oder ihre Kinder zur Taufe bringen, damit diese andere Welt nicht untergeht, die Welt der Wunder und des Glaubens an Gott, die uns die Luft zum Leben schenkt.

K.

Friede und Liebe als Erziehungsziele

Trinitatis (2. Korinther 13,11-13)

Empfohlener Taufspruch: *Die Gnade unseres Herrn Jesus Christus und die Liebe Gottes und die Gemeinschaft des Heiligen Geistes sei mit euch allen! (2.Korintherbrief 13,13)*

(Anspiel mit Handpuppen von Maus und Igel)

Sprecher: Schön, dass ihr beiden heute Morgen zum Taufgottesdienst mitgekommen seid. Aber Maus, du schaust ja gar nicht den Igel an und Igel, du schaust gar nicht die Maus an. Habt ihr euch gestritten?

Igel: (zeigt mit ihren Fingern auf die Maus) Die da!

Sprecher: Die da! Was meinst du damit, Igel!

Igel: Die da hat meine Nüsse geklaut. Jetzt bin ich sauer!

Sprecher: Stimmt das Maus, du hast die Nüsse vom Igel geklaut?

Maus: (schaut immer noch nicht den Igel an, aber nickt zustimmend mit dem Kopf)

Sprecher: Sag bloß, Maus, du wolltest die Nüsse aufessen?

Maus: (nickt wieder zustimmend mit dem Kopf)

Sprecher: Aber du kannst doch draußen überall Nüsse sammeln. Du muss sie doch nicht dem Igel klauen.

Maus: (dreht langsam ihren Kopf und blickt zum Igel) Der da!

Sprecher: Der da! Was meinst du damit, Maus?

Maus: Der da ist doch dick genug. Außerdem essen Igel gar keine Nüsse. Die essen nur Würmer und Käfer.

Sprecher: Aber deswegen darfst du dennoch nicht dem Igel die Nüsse klauen. Das sind seine, die hat er gesammelt.

Maus: Wieso nicht? Der braucht sie doch nicht, der spielt doch nur mit rum.

Igel: Siehst du, wie gemein die Maus ist. Die gönnt mir nicht mal meine Nüsse, mit denen ich so gerne spiele. Gib mir sofort meine Nüsse wieder her, Maus!

Maus: Die kriegst du nicht, außerdem habe ich die versteckt, die findest du nie!

Igel: (greift die Maus an und schüttelt sie) Gib sofort meine Nüsse zurück!

Maus: Kriegst du nicht, kriegst du nicht, ich bin viel schneller als du, dicker Würmer-Fresser.

Igel: Gemeiner Nüsse-Dieb, ich will meine Nüsse zurück. (Sie rangeln!)

Sprecher: Maus, Igel, hört auf, lasst los, geht ihr wohl auseinander, warum streitet ihr euch wegen der paar Nüsse? Könnt ihr nicht draußen zusammen Nüsse suchen. Im Park gibt es doch genug für euch beide.

Maus: Zusammen?

Igel: Zusammen Nüsse suchen, mit diesem Dieb?

Sprecher: Ja, zusammen. Erstens macht das Spaß, weil man nicht alleine ist. Zweitens findet ihr zusammen viel mehr Nüsse.

Maus: Und drittens? Was sollen wir dann machen? Der Igel frisst keine Nüsse.

Sprecher: Drittens kannst du, Maus, zusammen mit dem Igel und seinen Nüssen spielen und ihm erklären, wie man Murmelspiele macht.

Maus: Spielen und nicht essen?

Sprecher: Klar, du kannst auch ein paar Nüsse essen. Es sind ja genug da. Aber dann spielt zusammen, statt euch nur zu schlagen. Und wenn du wirklich Hunger hast, gibt dir der Igel eine Nuss ab. Oder Igel?

Igel: (knurrt) Eine Nuss, na gut, eine kann er meinetwegen haben. Wir können ja ein Murmelspiel machen. Wer am meisten in ein Loch trifft, darf die Nüsse behalten.

Sprecher: Wie findest du das Maus?

Maus: Dann gewinne ich bestimmt, ich kann viel besser werfen als der Igel!

Igel: Das stimmt überhaupt nicht. Werfen ist meine Sache, davon hast du gar keine Ahnung.

Sprecher: Nun fangt nicht schon wieder an zu streiten. Sondern probiert das Murmelspiel erst einmal aus. Dann sieht man ja, wer besser im Werfen ist.

Maus: Na gut, ich will es gleich mal probieren.

Igel: Ich auch. Hol mal eine Nuss heraus, du Nüsse-Dieb, du hast ja so viele versteckt.

Maus: Ich bin kein Nüsse-Dieb, ich sammle nur die Nüsse, wo ich sie finde.

Sprecher: Ist ja gut, ist ja gut, euch beide zusammenzubringen ist wirklich nicht einfach. Passt auf, ich habe hier eine Tüte voller Nüsse, die schenke ich euch, damit könnt ihr spielen. Und damit der Igel keinen Hunger kriegt, wenn du, Maus, mal was von den Nüssen isst, habe ich auch noch Würmer für ihn mitgebracht. Die kannst du ja auch mal probieren.

Maus: Igitt, ich soll Würmer essen. Bäh, niemals!

Sprecher: Maus, die hier sind aus Weingummi und schmecken richtig gut. Kannst sie ja mal probieren. Nun gebt euch die Hand und vertragt euch wieder. Denn zusammen spielen macht viel Spaß!

So ist das, liebe Kinder, liebe Gemeinde, es braucht schon Zeit, bis wir manchmal zusammenfinden und Frieden miteinander schließen. Wer immer nur auf seinem Recht besteht oder wie die Maus sogar sich sein Recht unerlaubter Weise nimmt und klaut, der wird wohl wenig Freunde finden und zum Schluss ganz alleine dastehen.

Deshalb hat der Apostel Paulus am Schluss seines zweiten Briefes an die Gemeinde in der griechischen Stadt Korinth, wo sie alle miteinander gestritten hatten, geschrieben, dass sie endlich Frieden halten sollten. Paulus sagte:

11 Ein Letztes, liebe Geschwister im Glauben[77]*, seid voll Freude, lasst euch etwas sagen*[78]*, lasst euch trösten*[79]*, seid auf dasselbe bedacht, haltet Frieden! So wird der Gott der Liebe und des Friedens mit euch sein. 12 Grüßt euch untereinander mit dem heiligen Kuss. Es grüßen euch alle Heiligen. 13 Die Gnade unseres Herrn Jesus Christus und die Liebe Gottes und die Gemeinschaft des Heiligen Geistes sei mit euch allen! (2.Korintherbrief 13,11-13)*

Der Apostel Paulus ermutigt die Gemeinde und erinnert sie als allererstes daran, sich zu freuen. Das fällt uns leicht, besonders an einem solchen Tag wie der Taufe von sieben Kindern und einer Mutter. Da ist die Freude in unserer Gemeinde groß, dass Menschen sich unter den Schutz Gottes für ihr Leben stellen wollen.

---

[77] Hier steht stellvertretend für alle Geschlechter nur das Wort „αδελφοι/adelpheu = Brüder". Die Lutherbibel und die Einheitsbibel übersetzen es in einer Sprachform, die Vertrauen untereinander bezeugt, als „liebe Brüder".

[78] Die Einheitsübersetzung überträgt das Wort „καταρτιζω/katartizo" als „kehrt zur Ordnung zurück".

[79] Luther und Einheitsbibel übersetzen das Wort „παρακαλεομαι/parakaleomai" mit „mahnen/ ermahnen". Doch steckt in dem Wort der Paraklet der göttliche Tröster drin, so dass ich mit Bauer „sich trösten lassen" übersetze. Siehe Bauer, a.a.O. Sp.1225

Doch im gleichen Atemzug ermutigt Paulus die christliche Gemeinde, sich „immer wieder zurechtbringen zu lassen“, sich ermahnen zu lassen, wie Martin Luther das griechische Wort „parakelomai“ übersetzt hat. Das hören wir heutzutage nicht so gerne. Und doch ist solche Ermahnung immer wieder notwendig, damit Frieden gelingt. Das sieht und hört man schon, wenn man eine Familie mit vielen Kindern besucht wie z.B. eine unserer Tauffamilien heute, die mittlerweile drei Kinder haben. Da geht es zuhause kunterbunt zu. Aber die Mutter und der Vater müssen immer wieder mahnende Worte aussprechen und bei Streit dazwischen gehen und schlichten. Eine mühevolle, aber notwendige Aufgabe, damit Kinder lernen, die Rechte der anderen in der Familie zu respektieren, ihnen aufgetragene Aufgaben zu übernehmen und mit anderen teilen zu können. Doch beim Ermahnen von Kindern wird zugleich auch die zweite Bedeutung des griechischen Wortes „parakaleomai“ deutlich.

Denn das heißt nicht nur „ermahnen“, sondern auch „trösten“. Ermahnung wird von Kindern wie auch von Erwachsenen nur dort wirklich angenommen werden können, wo bei der Ermahnung ein Zuspruch und Trost mitschwingt. Das kann man bei den Tauffamilien selbstredend erleben. Gerade noch wurde geschimpft, dass man nicht zu viel Marmelade auf die Waffel tun soll, da wendet sich schon die Mutter dem Kind in anderer Weise zu, weil es sich gestoßen hat und nun den Trost braucht. Dann hilft oft nur noch die körperliche Zuwendung, der Kuss. Dadurch fühlt sich das Kind ernst genommen und geliebt. Da sieht einer, wie es mir gerade geht. Da wird ein tiefer innerer Kontakt deutlich.

So wie in einer Familie soll es unter uns Christen sein. Wir haben durch Gottes Zuwendung, durch seine Gnade in unserem Leben allen Grund uns zu freuen. Und damit diese Freude von Dauer ist, müssen wir uns gegenseitig von falschen Wegen zurechtbringen und manchmal sogar ermahnen. Aber die Ermahnung darf nie oberlehrerhaft sein, als wüsste man alles besser als der andere, als sei man selbst ohne Fehler. In der Ermahnung muss das besorgte Herz mitschwingen, die Liebe, von der Paulus spricht, wenn er uns auf den Gott der Liebe und des Frieden hinweist.

Zwar haben wir hier in Mittel - und Nordeuropa den Brauch des Heiligen Kusses nicht mehr. Das war und ist bis heute eher im Vorderen Orient Sitte. Bei den jüdischen Rabbinern, also den jüdischen Gottesgelehrten, galt der Kuss als Ehrenbezeugung. So will ihn wohl Paulus verstanden wissen, wenn er zum Schluss seines Briefes die Korinther auffordert, sich nach manchem Streit wieder mit dem heiligen Kuss als Zeichen der Gemeinschaft unter Gott zu grüßen. Wir hier in Deutschland machen das mit Händegeben. Daher haben sich zuletzt Maus und Igel die Hände gereicht und nicht geküsst. Beim Händereichen merkt man deutlich, ob jemand mir herzlich zugewandt ist oder ob er mir nur einen schlaffen Händedruck gibt oder vielleicht gar keine Hand reicht, weil er mit mir nicht verbunden sein will.

Um das zu üben, um aufeinander zuzugehen, fordern wir manchmal beim Abendmahl die Gottesdienstbesucher auf, sich einander die Hände zu geben, auch dem, der einem nicht so lieb und gut ist, mit dem man sich vielleicht gestritten hat oder dessen politische Ausrichtung mir nicht gefällt. Der Friedensgruß beim Abendmahl soll Brücken über Gräben bauen, die immer wieder im Alltag sich zwischen uns einschleichen und ein gutes Miteinander verhindern. Dabei soll und muss man gar nicht heucheln und den Frieden nur spielen. Paulus ist der Meinung, dass der Friede sich da einstellen wird, wo man sich zurechtbringen und ermahnen lässt, wo es also eine Umkehr von verkehrten Wegen und ein Schuldeingeständnis gibt.

In seinem frühen Buch mit dem Titel „Hermann Lauscher“ aus dem Jahre 1900 schildert der Literat Hermann Hesse, wie ein Junge von seinen Eltern wegen bestimmter Unarten mehrmals ermahnt wird. Der bestreitet diese zunächst und will es nicht gewesen sein, ja er lügt die Eltern glatt an. Verzeihung erlangt er, nachdem er die Wahrheit eingestanden hat und sich entschuldigte: „Der erste Abend, an dem ich ohne Kuss und ohne Begleitung der Mutter stumm und scheu zu Bette ging, ist mir noch wohl erinnerlich. Vielleicht hat, so oft auch später mir das Wasser an die Kehle ging, doch das Gefühl namenlosen Schmerzes und Zwiespaltes niemals mehr so unsäglich auf mir gelastet wie an jenem traurigen Abend", lässt Hesse seine Hauptfigur sagen.[80]

Nun könnte man meinen, dass der Dichter Hesse zu Beginn des 20.Jahrhunderts noch die sogenannte „Schwarze Pädagogik" empfiehlt, die die Kinder durch Liebesentzug zu Verhaltensänderungen führen will. Davon konnten wir am Donnerstag etwas in der Aufführung unseres Kinderchores zum Singspiel „Carlson vom Dach" sehen. Dort sperrt Fräulein Bock, die Zugehfrau der Familie Svantesson, Lillebror einfach in seinem Zimmer ein, nachdem er sie geärgert hat. Hilft eine solche Strafe in der Erziehung wirklich?

Sie wird dann Wirkung zeigen, wenn das Kind spürt, dass mit dem Ermahnen zugleich der Trost für das Kind verbunden ist, dass der Entzug der Liebe, der fehlende Kuss niemals lange von Dauer ist. Konsequentes Handeln in der Erziehung ist wichtig. „Das Kind muss früh erfahren, was die Eltern für richtig und für falsch halten. Bedingungen des Zusammenlebens müssen vermittelt und eingeübt werden. Das gilt für die Familie, für die bürgerliche Gesellschaft und auch für die christliche Gemeinde. Lasst euch ermahnen heißt daher auch: Hört die Sorge dessen, der ermahnt, hört, dass es ihm um die Wahrheit und das Wohl der Gemeinschaft geht."[81]

Die Aufgabe besteht darin mit dem anderen wieder in ein Gleichgewicht zu kommen, oder wie es Paulus sagt, dasselbe zu denken. Damit ist kein Gesinnungsterror gemeint, der keine abweichenden

---

[80]. Der Text von Hermann Hesse stammt aus Sämtliche Werke, Band 1, Suhrkamp Verlag, Frankfurt/ Main, 2001, S.235 Der Hinweis dazu stammt aus Ideenbörse Sonntagspredigt Heft 27/2002 S.3

[81] Ideenbörse Sonntagspredigt, Heft 27/2002 S.3

Meinungen zuletzt. Damit ist eine Bewegungsrichtung gemeint, dass wir trotz unterschiedlicher Meinungen und Ansichten einander nicht verlieren und zum Frieden miteinander finden. Diese Aufgabe stellt sich schon in jeder Ehe und jedes Paar weiß zu berichten, wie schwierig es bereits bei zwei Menschen sein kann, auf einen Nenner zu kommen, damit das Band des Friedens hält und nicht zerreißt. Umso schwerer wird diese Einigung, wenn viele Familienmitglieder da sind, ja wenn es um ein ganzes Land und Staatswesen geht. Doch die Aufgabe bleibt. Geben wir sie dran, wird bald Krieg und Streit unter uns herrschen, Ehen und Familien werden zerbrechen und das Land wird keine Ausrichtung finden, die alle zu einer übergeordneten Gemeinschaft verbinden kann.

Wo finden wir die Kraft für diesen Frieden, der die Grundlage für das Zusammenleben darstellt? Für den Apostel Paulus liegt dieser Grund außerhalb von uns selbst. Gott ist die Quelle der Kraft, die uns friedlich gesonnen sein lässt. In seinem Licht erkennen wir, wie gnädig und behutsam er mit uns umgeht. Das lässt uns gnädig und behutsam gegenüber unserem Partner, gegenüber unseren Familienangehörigen, gegenüber Kollegen an der Arbeit sein. Die Taufe will dafür das Zeichen sein, dass ein neuer Geist, nämlich Gottes Geist in uns wirkt und lebt. Sprich, wir haben in uns eine Triebkraft zum Guten, wenn wir Gott in unserem Herzen Raum geben. Jesus Christus hat in seiner Person gezeigt, wie dieser Geist Gottes Menschen heilen, befreien und zusammenführen kann. Seit Christus auferstanden ist, soll Gottes Geist selbst diese heilende und tröstende, aber auch ermahnende Kraft sein, die den Frieden überhaupt erst möglich macht.

Dass diese Frieden schaffende Kraft in den Familie wirken kann, zeigt einer der besten Kinofilme des vergangenen Jahres mit dem Titel

„Jahrhundertfrauen“[82]. Darin schaut der Regisseur Mike Mills auf sein eigenes Familienleben Ende der siebziger Jahre in den USA. Im Film versteht die alleinerziehende Dorothea, die noch mit 40 einen Sohn bekommen hat, ihren jetzt pubertierenden Sohn nicht mehr. Und sie bekommt Erziehungshilfe von zwei anderen Frauen, die zufällig mit im gleichen Haus wohnen und ihre Verantwortung für den jungen Mann erkennen. Der Frieden hält in diesem Haus Einzug, weil alle miteinander ins Gespräch kommen und aufeinander achten lernen. Nicht umsonst ist dieses Haus eine ewige Baustelle, das William, ein stiller Spät-Hippi nach und nach renoviert. Denn der Friede untereinander und die Suche nach dem Gemeinsinn bleibt eine Lebensaufgabe, zu der uns der Glaube an Gott ermutigen und befähigen will.

L.

Fair Play in der Familie und der Erziehung

Psalm 119 (1.Sonntag nach dem Trinitatisfest)

Empfohlener Taufspruch: *„Ich habe meinen Spaß/ Vergnügen an deinen Geboten, von denen ich sagen kann, dass ich sie liebe.“ (Psalm 119,47)*

Europa befindet sich im Fußballfieber. Zumindest ein großer Teil der europäischen Bevölkerung ist davon ergriffen. Diesmal messen sich die Nationen unseres Kontinentes mit den friedlichen Mitteln des Sports in den Ländern Polen und der Ukraine. Damit das Spiel gelingen kann, müssen von allen Seiten die Regeln eingehalten und kontrolliert werden. Von diesem Fair-Play–Gedanken lebt der Sport in besonderer Weise. Er hat eine Vorbild-Funktion für das gesellschaftliche Leben überhaupt.

---

[82] Siehe dazu Publik Forum Nr.10/2017 „Wie wird aus dem Jungen bloß ein guter Mann?“ von Birgit Roschy und die Rezension von Anke Westphal in Spiegel Online vom 18.5.2017.

Daher hat die UEFA, also die Vereinigung der europäischen Fußballverbände, die 53 nationale Verbände umfasst, eine eigene Respekt-Kampagne eröffnet.[83] Denn den Hütern des internationalen Fußballs ist klar, dass der Fair-Play–Gedanke immer wieder gepflegt werden muss. Tut man das nicht, kann sich solch ein Sport schnell zum Hort der Gewalt entwickeln, so wie es die Autorin Elfriede Jelinek sagte, die den Massensport als das einzig erlaubte Auftreten von Gewalt bezeichnet hat.

Um dies zu verhindern, dass Hooligans die Fußballspiele für Gewaltexzesse nutzen, sind bei der EM 2012 über 80.000 Polizisten im Einsatz. Da scheint man berechtigte Angst zu haben, dass es nicht nur friedlich, gesittet und geordnet zugehen wird. Umso mehr ist der Fair-Play-Gedanke von großer Bedeutung, den die UEFA mit ihrer Respekt-Kampagne hervorheben will. Sichtbarstes Zeichen dieser Respekt-Kampagne soll der Trikot-Tausch der Spieler nach dem Wettkampf sein. Des Weiteren unterstützt die UEFA vier soziale Projekte mit finanziellen Beiträgen von insgesamt 3 Millionen Euro, die sich gegen Rassismus, für eine verbesserte Fan-Kultur, für barrierefreie Spielstätten und für einen gesunden Lebensstil überhaupt einsetzen. Auf diese Weise möchte man den Gedanken des Fair-Play während der EM in Polen und der Ukraine neu verankern und die Spiele zu einem für viele fröhlichen und zugleich aufregenden Erlebnis werden zu lassen.

Wenn wir uns heute zum Taufgottesdienst versammelt haben, soll uns der Gedanke des „Fair-Play" begleiten. Wir bedenken ihn besonders im Hinblick auf die kleinen Kinder, die wir in das große Spiel des Lebens einführen wollen. Sie müssen lernen, sich an Regeln zu halten und Grenzen zu achten, damit sie sich selbst aber auch andere vor Gefahren schützen können.

---

[83] RESPEKT-Kampagne bei der UEFA EURO 2012 - UEFA.com, zu finden unter folgender Adresse: de.**uefa**.com/inside**uefa**/mediaservices/mediareleases/newsid=1806445.html

Doch ein reines Beachten von Regeln ist dem Fair-Play Gedanken nicht förderlich. Schon Bundespräsident von Weizsäcker sagte:

„Verlangt ist nicht nur die formelle Beachtung von Regeln. Nie werden geschriebene Regeln die menschliche Haltung des ‚Fair Play' ersetzen können. Der Sportler, der das Fair Play beachtet, handelt nicht nach dem Buchstaben, er handelt nach dem Geist der Regeln".[84]

Damit ist das Fair-Play im Sport eine Lebenshaltung, die das ganze Menschsein umfasst, die nicht nur von außen gefordert, sondern von innen heraus gelebt werden soll. Wer aus dem Fair-Play Gedanken heraus lebt, der wird sich einsetzen für

- die Anerkennung und Einhaltung der Wettkampfregeln
- für den partnerschaftlichen Umgang mit dem Gegner
- für die Beachtung gleicher Chancen und Bedingungen
- für die Begrenzung des Gewinnmotiv (kein Sieg um jeden Preis)
- für die Bewahrung einer würdigen Haltung in Sieg und Niederlage

Dies können gute Ziele für die Erziehung von unseren Kindern sein.

- Egal, wo sie später sind, ob im Kindergarten, der Schule oder der Berufswelt, sie sollen lernen, die Regeln einzuhalten, dass auch andere neben ihnen leben und glücklich werden können.
- Die Kinder sollen einen partnerschaftlichen Umgang mit dem Gegenüber einüben, der davon ausgeht, dass wir vor Gottes Angesicht gleichwertig sind.
- Sie sollen auf gleiche Chancen und Bedingungen achten lernen und sie für sich, aber auch für andere einfordern.

---

[84] Zitiert nach https://de.wikipedia.org/wiki/**Fair_Play**

- Sie sollen nicht den Sieg um jeden Preis als Lebensziel vor Augen haben. Denn manchmal ist das Dabeisein schon eine große Lebenserfüllung.
- Und die Kinder sollen im Sieg wie in der Niederlage Haltung und Würde bewahren lernen. Das können sie nur, wenn sie als Getaufte davon ausgehen dürfen, dass Gottes Liebe sie trägt. Dann erfahren sie einen Sieg als Geschenk und nicht als einen Machtanspruch über andere.

Von solch einer Lebenskultur, die durch das Fair-Play geprägt ist, spricht unser Eingangspsalm, Psalm 119. Das äußere Beachten von Regeln führt noch nicht zu einem gelungenen Leben. Dabei kann man mürrisch und unerträglich für andere Menschen werden. Man wird leicht rechthaberisch, weil man anscheinend alles richtig macht. Deshalb spricht Psalm 119 von Freude, sogar Vergnügen[85] und Liebe[86], wenn er an die Mahnungen und Gebote Gottes, an seine Weisungen für das Leben denkt.

In Psalm 119 spricht einer, der den Fair-Play-Gedanken längst verinnerlich hat und sagt: „Es stimmt, ich komme besser durch, wenn ich mich an das halte, was das göttliche Wort mir als Begrenzung und Richtungsweisung gibt. Statt zu lügen will ich daher die Wahrheit sagen. Statt dem anderen eine Grube zu graben und ihn zu

---

[85] Vgl. Psalm 119,45 „Und ich wandle fröhlich, denn ich suche deine Befehle.“, so übersetzt es Martin Luther (1984), wobei im Urtext davon die Rede ist, „dass ich in einem weiten Raum umherschreite“. Luther hat dieses befreite Umherschreiten als Freude interpretiert. Vgl. auch Ps. 119,77b „Denn deine Thora/ dein Gesetz ist mein Vergnügen.“ Auch Ps. 119,143 hat dasselbe Pluralwort „Schaaschuim/ שעשועים“ = Vergnügen verwendet.

[86] Psalm 119,47: „Ich habe meinen Spaß/ Vergnügen an deinen Geboten, von denen ich sagen kann, dass ich sie liebe.“ Hier steht das seltene Wort „schaa/ שעשעII“, das mit seiner Wurzel zu dem bereits erwähnten Wort „Schaaschuim“ gehört und Vergnügen ausdrückt. Für die Gebote wird in diesem Vers nicht die Thora angesprochen, sondern das Wort „mizwa/מצוה “ benutzt, was deutlich einzelne Anweisungen und Bestimmungen meint. Das Befolgen göttlicher Anweisungen ist also keine Fessel und bringt Lebensfrust, sondern befreit zu einem vergnügten und fröhlichem Leben.

hintergehen, will ich lieber seine Wunden verbinden. Statt nur Angst vor den Mächtigen und ihrer Politik zu haben, will ich mich lieber vor Gott fürchten. Das macht mich von Menschen unabhängig und frei, nach meinem Gewissen zu handeln.“

Wer auf diese Weise das Gesetz Gottes, seine Thora, liebt und achtet, der wird großen Frieden haben, bei dem kommt das Fair-Play zum Ziel, der wird nicht straucheln und hinfallen und sein Glück verpassen. Mehr noch: Im Neuen Testament hören wir sogar davon, dass das göttliche Wort, die Thora, in Jesus menschliche Gestalt angenommen hat. In ihm haben wir so etwas wie einen guten Trainer, der uns vorlebt, was unser Verhalten bestimmen soll und kann. Wir haben in ihm einen Motivator, der uns begeistert, wie dies gute Trainer mit ihrer Mannschaft tun, bevor es ernst wird. Wo Gottes Wort in Jesus dieses menschliche Angesicht bekommen hat, kann es leichter einen Weg zu den Herzen der Menschen finden. Es ist genau wie in der Erziehung. Wir können da unseren Kindern viel erzählen und von ihnen fordern. Doch wenn wir das nicht selbst leben, wenn sie das geforderte Verhalten nicht an uns selbst ablesen können, werden wir durch reine Verbote kaum ihr Verhalten beeinflussen. Wo sie aber das Fair-Play in unserem Leben mit anderen wahrnehmen, werden sie automatisch in dieses Fair-Play hineinwachsen. Dann können wir sie zu einem gelungenen Leben motivieren.

Dass aber der Weg zu diesem Fair-Play nicht immer leicht ist, zeigen im Umfeld der EM die Proteste, die diese Fußballeuropameisterschaft begleiten. Da wird zum einen gegen die rasche Tötung von Hunden protestiert. Die Spielstätten der EM wollen sich sauber und rein präsentieren und daher geht besonders die Ukraine rigoros gegen herrenlose Hunde vor. Tierschützer beklagen, dass von der UEFA für den Umbau der Stadien 600 Millionen Euro zur Verfügung gestellt wurden, aber für das Problem der herrenlosen Hunde nur 8500 Euro ausgegeben wurden.

Auf der anderen Seite haben politische Organisationen die Verhaftung der ehemaligen Präsidentin der Ukraine, Tymoschenko, als Anlass genommen, gegen die EM auf dem Boden der Ukraine zu protestieren und einen Boykott der Spiele zu verlangen. Gerechter Umgang miteinander, Respekt vor dem anderen, was der Sport fordert, sollte im gesamten Miteinander gelten.

Hier hat gerade aber auch der Fußball noch viel nachzuholen. Während auf internationaler Ebene die Respekt-Kampagne groß anläuft und uns zu einem Leben aus dem Fair-Play-Gedanken anregen möchte, und wir diesen Gedanken sogar bei einer Taufe als einen biblisch begründeten Gedanken gerne aufnehmen, sieht man doch, wie in den Kreisligen des Fußballs, besonders in den Ballungsgebieten in Deutschland unter den Vereinen viel Gewalt herrscht und immer wieder Spiele abgebrochen werden müssen. Dass hier ethnische Konflikte den Jugendfußball bestimmen und die Integration von ausländischen Mitbürgern anscheinend noch gar nicht so gut gelungen ist wie immer behauptet wird, wird vom DFB gerne verschwiegen.

Doch wer im Fußball, in der Politik, in der Familie zum Fair-Play kommen will, muss die Konflikte offen ansprechen und unfaires Verhalten beim Namen nennen. Dabei sind alle Seiten zu hören und die reine Gewalt in Wort und Tat zu ächten, so wie es Psalm 119 bereits sagte: *„Eine Lüge hasse ich und verabscheue sie, aber dein Gesetz*[87] *liebe ich. Siebenmal lobe ich dich am Tag wegen der Ordnungen deiner Gerechtigkeit." (Psalm 119,163+164)*[88]

Wo man diese gerechten Ordnungen von allen Seiten einfordert und anerkennen lernt, bleibt das Lob, der Jubel, die Freude nicht aus. Dann kann man sich über einen Sieg seiner Mannschaft freuen und

---

[87] Hier steht für Gesetz das Wort „Thora/תורה ", was im Hebräischen nicht nur das einzelne Gebot. sondern die ganzen fünf Bücher Mose und damit die Heils-erzählung von der Rettung Israels umfasst.

[88] Siehe auch Psalm 119,29+30

seine Fahne schwenken, aber zugleich mit dem anderen fühlen, der einen Verlust einzustecken hat.

Dann wird man seine Kinder begleiten beim Heranwachsen. Man wird sich über kleine Erfolge freuen, wenn sie sprechen, laufen und spielen lernen, wenn sie ihre Gaben entwickeln und ihre Eigenheiten zeigen. Aber man wird sie nicht fallen lassen, wenn sie Fehler machen, verlieren und mal über die Stränge schlagen. Denn wir alle sind nach den Worten von Psalm 119 wie verlorene und verirrte Schafe, die auf ein gutes Wort des Hirten angewiesen sind, damit sie sich im Leben zurecht finden.[89] Dieses gute Wort Gottes wird uns zum Fair-Play führen.

M.

Gott baut ein lebendiges Haus[90]

Epheser 2, 19-22 (2.Sonntag nach Trinitatis)

Empfohlener Tauftext: *„19 Ihr seid also jetzt nicht mehr Fremde und Heimatlose, sondern ihr seid Mitbürger der Heiligen und Gottes Hausgenossen[91]. 20 Ihr seid auf das Fundament der Apostel und Propheten gebaut, in dem Christus Jesus selbst der Schlussstein ist. 21 Durch ihn wird der ganze Bau zusammengefügt und wächst zu einem heiligen Tempel im Herrn. 22 Durch ihn werdet auch ihr zu einer geistlichen Wohnung Gottes miterbaut.[92]“*

---

[89] So der Schluss von Psalm 119, 176: „Ich irre umher wie ein Schaf, das sich verloren hat. Suche deinen Diener, denn deine Gebote habe ich nicht vergessen.“

[90] Der Titel zu dieser Taufpredigt wurde angeregt durch ein Lied von Waltraut Osterlad, das im Gottesdienst das Motto-Lied wurde: „Gott baut ein Haus, das lebt“. Es ist zu finden in dem „Liederbuch zum Umhängen“, 3.Auflage Menschenkinder Verlag 1991, Nr. 30

[91] „Hausgenosse“ klingt in der Übersetzung etwas altertümlich, gibt aber genau das griechische Wort „οικειοι/eukeieu“ wieder. Heute würde eher von Mitbewohnern sprechen.

[92] Ganz wörtlich die Lutherübersetzung: „Durch ihn werdet auch ihr miterbaut zu einer Wohnung Gottes im Geist.“ Sehr viel freier und den gesamten

Heute besucht uns die Maus, die viele aus dem Fernsehen oder aus den Gottesdiensten kennen. Die Maus war schon öfters bei uns zu Gast.

Sprecher: Hallo, Maus, bist du wieder mal Gast bei uns in der Gemeinde?

(Maus hört nicht zu und trägt Stroh und Heu durch die Gegend.)

Sprecher: Hallo, Maus, hörst du mir gar nicht zu? Was machst du denn da?

Maus: Ich baue!

Sprecher: Du baust, was baust du denn, ich sehe überhaupt keine Bausteine?

Maus: Ich baue mir ein Nest.

Sprecher: Ein Nest, hier bei uns in der Kirche? Willst du denn hier wohnen?

Maus: Ja, ich möchte getauft werden. Dann bin ich eine Kirchenmaus. Und wenn ich erst einmal eine Kirchenmaus bin, dann will ich hier auch wohnen.

Sprecher: Eine Kirchenmaus willst du werden, getauft willst du werden? Das geht nicht, wir können nur Menschen taufen. Die sollen Kinder Gottes werden.

Maus: Wieso geht das nicht? Ich bin ein Geschöpf Gottes. Gott hat auch die Mäuse lieb. Deshalb möchte ich bei ihm hier in der Kirche wohnen, selbst wenn du mich nicht taufst.

(Die Maus trägt weiter ihr Stroh durch die Gegend.)

Abschnitt zusammenfassend übersetzt die „Gute Nachricht“-Bibel: „Durch die Verbindung mit ihm seid ihr auch in diesen Tempel eingefügt, der sich durch den Geist Gottes aufbaut.“

Sprecher: Also, Maus, jetzt bin ich sprachlos. Klar, du bist ein Geschöpf Gottes. Aber wir haben Mäuse gar nicht so gerne in der Kirche. Unsere Küsterin wird mit ihrem Besen dein Nest wegfegen.

Maus: Die findet mich gar nicht. Ich baue mein Nest in einer Ecke, wo es keiner sieht. Gott wird mich schon sehen, der kann in alle Ecken gucken. Dann gehöre ich dazu und bin eine Kirchenmaus.

Sprecher: Gut, Maus, dann nimm dein Stroh mit und richte dich gemütlich ein. Ich werde dich nicht bei der Küsterin verraten. Aber du darfst auf keinen Fall die Gäste erschrecken, die tagsüber die Kirche besuchen. Die möchten die Ruhe und Stille des Gotteshauses genießen. Die wollen Gott begegnen und Teil seines großen Tempels sein, den der Geist von Gott errichtet.

Maus: Ich bin ganz still. Nur ab und zu werde ich rausgehen und auf dem Markt nach Essen suchen. Zudem habe ich da draußen ein Nest bei meiner Familie.

Sprecher: Dann bin ich einverstanden, Maus. Herzlich willkommen in der Kirche.

(Die Maus verabschiedet sich und verschwindet.)

Ein Haus für Gott bauen, zur Gemeinde als lebendiger Stein dazu gehören, davon wollen wir heute erzählen, wenn wir Kinder taufen. Das Hausbauen mit Steinen machen die Kleinen gerne. Früh übt sich, was hinterher mal ein Meister werden will. Deshalb kaufen die Eltern den Kindern Duplo und Lego und damit kann nach Herzenslust gebaut und gebastelt werden, ganze Häuser und deren Einrichtungen, Bauernhöfe, Flughäfen, Tankstellen und was es da alles gibt.

Im Fernsehen gab es dazu lange Zeit sogar eine Sendung. Die meisten von ihnen werden sie kennen. Es handelt sich um Bob, den Baumeister, eine Sendung aus Großbritannien, die seit 1999 produziert wird und 2001 zum ersten Mal im deutschen Fernsehen zu sehen war. 117 Folgen sind bislang davon produziert und in 100

Länder ausgestrahlt worden. Jede Folge dauert etwa 10 Minuten lang. Darin sieht man den kleinen Jungen Bob, der mit seinen Eltern Robert und Dora immer wieder Bauvorhaben angeht. Mal wird ein Spielplatz gebaut, mal ein Garten, mal ein Haus. Mit von der Partie sind die Baumaschinen, die alle sehr menschlich in den Filmen daherkommen. Sie heißen Baggi, Mixi, Buddel, Heppo und Wendy, und ihre Namen deuten schon auf ihre Funktionen hin. Baggi ist natürlich der Bagger und Mixi der Speismischer, den man braucht, um z.B. für eine Rutsche oder eine Schaukel ein ordentliches Betonfundament zu gießen.

Dazu wird das bekannte Lied von Bob gesungen. Es beginnt mit der Frage: „Bauarbeiter, können wir das schaffen?" Und schließt mit der Antwort: „Yo, wir schaffen das." Auf Englisch heißt das dann: „Yes, we can!" Viel Selbstbewusstsein erklingt aus diesem Lied. Es gibt eigentlich kein Problem, das nicht von Bob, dem Baumeister, und seinen Eltern gelöst werden könnte. Dabei kommt es den Filmemachern nicht darauf an, ganz genau den Ablauf des Bauens wiederzugeben. Viel wichtiger ist ihnen zu zeigen, dass durch die Gemeinschaft von Bob und seinen Eltern wie durch das gute Zusammenwirken mit den sprechenden Maschinen der Bau zu einem guten Ende geführt wird. Zusammenhalt und gegenseitige Rücksichtnahme bringen uns voran, das können die Kinder aus dieser Serie lernen.

Auf dasselbe spielt der Apostel Paulus an, wenn er der Gemeinde in der Stadt Ephesus schreibt, dass sie nun nicht mehr Fremde und Gäste in der Kirchengemeinde sind. Sondern durch die Taufe auf Gottes Namen wurden sie zu Mitbürgern der Heiligen und zu Gottes Hausgenossen. Sie wurden wie lebendige Steine in den geistigen Bau der Kirche eingefügt. Die ganze Last des Baues müssen sie noch nicht einmal selbst tragen. Denn der Grund zu diesem Bau der Kirche, zu diesem Haus, wo Gott drin wohnen möchte, ist doch längst gelegt durch die Worte der Propheten und der Apostel.

Sie haben für dieses Gotteshaus gerungen und ihre Kraft eingesetzt. Das Fundament ist fertig gelegt und wir dürfen heute mit unserer kleinen Kraft darauf aufbauen. Das wird uns gelingen, wenn wir wie bei Bob, dem Baumeister, zusammenhalten und jeder seine besonderen Fähigkeiten einbringt. Es braucht zum Bau einen Bauleiter, einen Architekten, es braucht viele Gewerke wie Maurer, Schreiner und Zimmermannsleute. Das Elektrohandwerk ist gefragt, der Dachdecker und zuletzt der Innenausstatter. Nur wo ganz viele mitwirken, kann der Bau entstehen und wohnlich werden.

Viel anders ist das beim Kirchenbau, den Gott durch Menschen erbauen möchte, auch nicht. Hier müssen viele Gaben zusammenfinden, damit ein Bau entsteht, in dem schließlich Gottes Geist wohnen und wirken kann. Da gibt es die Träumer, die sich einen solchen Bau überhaupt erst vorstellen können. Da gibt es die Planer, die den Bau einer Gemeinde in die Wirklichkeit umsetzen können. Da gibt es die fleißigen Bienchen, die in der Gemeinde kaum einer wahrnimmt, aber ohne die im Hintergrund gar nichts geht. Da gibt es die dicken Brummer im Vordergrund, die eine Kirchengemeinde nach außen vertreten und deren Wort gewichtig ist. Nur gemeinsam, nicht gegeneinander kann dieses geistliche Haus gebaut werden, worin Gott zu seiner Ehre und zu unserem Heil wohnen möchte. Daher betont der Apostel Paulus im Epheserbrief, dass Christus der tragende Eckstein dieses ganzen Baues ist. Er ist der Friede, durch den die unterschiedlichen Menschen zueinander finden. Nimmt man diesen Eckstein aus dem Gebäude der christlichen Kirche heraus, dann fällt alles in sich zusammen, weil dann der Geist Gottes fehlt, der uns zu Kindern Gottes, zu Mitbewohnern dieses Gotteshauses macht.

Christus ist die eine Kraft, die uns zur Mitarbeit an dem Kirchenbau befähigt. Er nimmt uns immer wieder an der Hand und zeigt uns, wo wir unsere Gaben und Fähigkeiten einsetzen können. Er zeigt uns, dass Gott bereit ist zu verzeihen, wenn wir mal vom Bauplan abgewichen sind und Wände schief und krumm errichtet haben.

Es ist zum Glück wie beim Duplo- und Lego-Spielen. In der Kirche muss nicht gleich alles perfekt laufen. Wir dürfen die Steine einmal umsetzen und neue Wege ausprobieren, bis das Haus der Kirche steht. Wir freuen uns auf neue, junge Mitglieder, die ihre Ideen und Gaben in diesen Bau der Kirche einbringen werden, damit der Bau zeitgemäß bleibt und sich viele Menschen darin zu Hause fühlen können.

(Maus taucht wieder auf!)

Maus: Und die Mäuse, die wollen da auch eine Wohnung haben.

Sprecher: Ja doch, die Tiere auch! Die gehören zu den Kirchenbauten dazu. Vielerorts ist man froh, wenn sich Fledermäuse oder Schleiereulen in den Kirchen ansiedeln. Aber nicht alle sind willkommen.

Maus: Wer ist denn nicht willkommen?

Sprecher: Na, z.B. die Tauben. Die haben in der letzten Zeit ganz viel Unrat im Kirchturm hinterlassen. Die dürfen in Zukunft dort nicht mehr ihr Nest bauen.

Maus: Aber die können im Park wohnen. Da ist es doch auch schön.

Sprecher: Das finde ich auch, Maus. Man muss Ideen entwickeln, wie man geeignete Wohnungen für die Tiere schaffen kann. Die gehören schließlich zu Gottes Reich und wollen einen Platz finden.

Maus: Sag ich doch. Deshalb baue ich jetzt an meine Nest weiter, wenn du nichts dagegen hast.

Sprecher: Meinetwegen. Aber mach bloß nicht zu viel Dreck!

N.

Wenn´s brenzlig wird!

1.Timotheusbrief 1,15-17 (3. Sonntag nach Trinitatis)

Empfohlener Taufspruch: „*Jesus Christus kam in die Welt, um Menschen zu retten, die ihr Lebensziel verfehlt haben.“ (1.Timotheusbrief 1,15b)*

Im 1.Timotheusbrief schreibt der Apostel Paulus an seinen Mitarbeiter Timotheus folgende ergreifende Zeilen:

Folgende Aussage ist glaubwürdig und verdient unbedingt Beachtung[93]*: Jesus Christus kam in die Welt, um Menschen zu retten, die ihr Lebensziel verfehlt haben.*[94] *Von solchen verirrten Menschen bin ich der erste. Aber gerade deshalb habe ich Gottes Zuwendung erlebt, damit Jesus Christus an meiner Person quasi als Prototyp*[95] *seine unglaubliche Geduld zeigen kann, und das als Vorbild für alle, die in Zukunft an ihn glauben, um ihr Lebensziel nicht zu verpassen*[96]*. Und weil diese einmalige Chance zur Rettung besteht*[97]*, gehört es*

---

[93] Die Übersetzung des NT durch Martin Dreyer in der sogenannten „Volxbibel“ übersetzt diese Glaubwürdigkeit der Aussage folgendermaßen: „*Ihr könnt euch hundertprozentig darauf verlassen.“* Volxbibel, 2.Aufl.2006 S.451

[94] Hier steht der Begriff „ἁμαρτωλος/ harmatolos“, was traditionell mit „Sünder“ übersetzt wird. Allerdings meint das Wort „ἁμαρτια/ harmatia = Sünde“ das „irrtümliche oder/ und schuldhafte Verfehlen (eines Zieles) im weitesten Sinn, sowohl als Tat wie auch als ihre Beschaffenheit.“ Siehe dazu Exegetisches Wörterbuch zum NT, Bd.1, a.a.O. Sp.158. Martin Dreyer übersetzt in der „Volxbibel“ dieses Wort folgendermaßen: „*um Menschen zu retten, die ohne Gott leben“*. Damit betont er noch mehr das religiöse Moment des Wortes „Harmatolos“ als Schuldiger gegenüber Gott und den Menschen.

[95] Hier steht im Urtext das Wort „πρωτος/ protos“, das den Ersten einer Serie meint.

[96] Wörtlich übersetzt heißt es „um das ewige Leben zu erlangen“.

[97] Diese Begründung steht so wörtlich nicht im Urtext, bildet aber die Voraussetzung für das aus dem Apostel herausbrechende Lob Gottes am Schluss unseres Bibeltextes.

sich, dem König der Ewigkeit, dem unvergänglichen, unsichtbaren, einzigen Gott, dem Ziel unseres Lebens, kräftigen Applaus zu spenden und ihn dauerhaft hochleben zu lassen[98]*. So muss es sein. Amen*

Soweit das Bekenntnis des Paulus zu Christus als seinem Retter.

Was macht eigentlich einen echten Retter wie z. B. einen Mitarbeiter bei der Berufsfeuerwehr aus? Nun, er kann nicht einfach herkommen und denken, dass er ohne Ausbildung und Training retten, löschen und bergen kann. Wer bei der Berufsfeuerwehr den hauptamtlichen Retter spielen möchte, der muss erst einmal eine zweijährige Ausbildung durchlaufen. Voraussetzung ist mindestens der Hauptschulabschluss und eine Zusatzprüfung, wo die Anwärter einen Aufsatz schreiben und Rechenaufgaben lösen müssen. Voraussetzung für den hauptamtlichen Retter sind handwerkliche Berufe wie Schlosser, Elektriker oder KFZ-Mechaniker. Dann beginnt eine zweijährige Ausbildung, die sich in eine sechsmonatige Grundausbildung gliedert, einen dreimonatigen Lehrgang zum Rettungssanitäter, einen Maschinisten-Lehrgang und weitere Lehrgänge. Der Feuerwehranwärter lernt den Umgang mit Spezialfahrzeugen und gefährlichen Stoffen und natürlich mit allem, was mit Feuer und der Personenrettung zusammenhängt. Am Ende steht die Prüfung zum Brandmeister und heraus kommt ein waschechter Retter.

Nur dieser hat Gefahrensituationen oft genug eingeübt, um in der Not wie im Schlaf alle Handgriffe richtig setzen zu können und damit keine Zeit zur Rettung zu verlieren. Nur dieser hat seine Fitness immer wieder trainiert, damit er mit dem schweren Atemschutzgerät umgehen kann und genügend Kraft besitzt, um sich in entlegene Räume vorzuarbeiten. Nur dieser weiß, wann die Gefahr zu groß wird und er nicht mehr helfen kann und sich zurückziehen muss. Denn das gehört dazu, seine eigenen Grenzen zu kennen und zu achten.

[98] Wörtlich steht hier „Gott sei Ehre und Herrlichkeit in alle Ewigkeit. Amen“

Nur der gut geübte Retter weiß, dass er alleine verloren ist, sondern viele Kollegen und Kolleginnen braucht, die an seiner Seite stehen, ihm helfen und ihn von der Einsatzleitzentrale aus lenken und leiten. Auf diese Weise entsteht durch viel Übung und Training ein echter Retter in der Not.

Paulus, der Apostel, erzählt uns heute im Predigttext von einem solchen Retter in der Not. Für ihn steht es hundertprozentig fest, dass Jesus ein solcher Nothelfer war, der ihn aus einer schwierigen Lage gerettet hat. War Jesus also so etwas wie ein Feuerwehrmann, gut durchtrainiert und ausgebildet, um Menschen aus eingeklemmten Fahrzeugen zu befreien oder aus brennenden Häusern zu retten?

Über Jesu Ausbildung wissen wir relativ wenig. Es wird nur erzählt, dass er der Sohn von Josef aus Nazareth war, der den Tischlerberuf ausgeübt hat. Dort hat Jesus bestimmt mitgewirkt und sich handwerklich betätigt. Er hat dabei gelernt, wie man Material bearbeiten muss, damit es sich zu einem neuen Ganzen zusammenfügen lässt. Er hat mit anderen zusammen gearbeitet, ist seinem Vater zur Hand gegangen, hat mit seinen Brüdern darüber nachgedacht, wie ein Problem zu lösen sei. So hat er die praktische Seite des Lebens erlernt, ohne die keiner von uns bestehen kann. Heute noch müssen die Mitarbeiter der Berufsfeuerwehren einen praktischen Beruf nachweisen, bevor sie in den Rettungsdienst eintreten dürfen. Denn die Fähigkeiten aus ihren zuvor erlernten Berufen helfen ihnen, in schwierigen Situationen nach passenden Lösungen zu suchen. Außerdem können sie nebenbei ein Feuerwehrauto reparieren, technische Gerätschaften bedienen und als Sanitäter erste Hilfe am Menschen leisten.

Paulus war überzeugt, dass sein Retter, Jesus von Nazareth, solche praktischen Qualitäten besaß, die ihm halfen, Menschen in der Not zu retten. Aber das alleine reichte noch nicht aus. Was Jesus über das Tischlerhandwerk hinaus gelernt hat, wissen wir nicht genau. Wir können nur vermuten, dass er wie jeder andere jüdische Junge lernte, in den heiligen Schriften der Juden, im sogenannten Alten Testament, zu lesen. Mit dreizehn Jahren hat er wie unsere Konfirmanden seine Religionsmündigkeit gefeiert. Nun durfte er aus dem Alten Testament, der Thora, vorlesen und diese für die anderen auslegen.

Dadurch scheint er erst seine Retter-Qualitäten vollständig entwickelt zu haben. Denn im Alten Testament war immer wieder davon zu lesen, wie Gott selbst die Menschen rettete, die in Not und Elend geraten waren. Die bekannteste Geschichte war die Rettung des Volkes aus der Sklaverei in Ägypten. Aber Jesus las auch die Geschichte von der Rettung der großen Stadt Ninive vor ihrem Untergang. Das waren bekanntermaßen Ausländer und keine Juden. Die Rettung war also nicht nur auf sein Volk begrenzt.

Immer waren dabei Retter beteiligt, die zuerst einmal von Gott selbst ausgebildet werden mussten. Zum Beispiel der Mose, der überhaupt nicht den Retter spielen wollte und erst ganz langsam sich mit dem Gedanken angefreundet hat, für sein Volk vor den mächtigen Pharao zu treten. Nicht allein, das hätte ihn überfordert. Aaron, sein Bruder, ein guter Redner sollte auch mitgehen. Dadurch konnte dieses kleine Einsatzteam bestehend aus den Brüdern Mose und Aaron sowie seiner Schwester Miriam ein ganzes Volk aus seiner Not befreien.

Jesus hatte zudem von Jona gelesen. Das war der Prophet, der die Stadt Ninive retten sollte. Auch Jona musste erst einmal eine Ausbildung durchlaufen, er musste selbst aus dem Wasser gerettet werden, sonst wäre er nie zum Retter geworden und nach Ninive gegangen. Ohne die Taufe des Propheten Jona im Mittelmeer, ohne dass ihn ein großer Fisch verschlungen hätte, wäre die Stadt untergegangen.

Diese Geschichten hat Jesus als Kind gelesen und immer wieder gehört. Da wuchs in ihm die Überzeugung, dass solche Rettung heute möglich sein müsse. Nicht allein. Keiner kann andere allein aus ihrer schwierigen Lage herausholen. Es braucht in der Regel viele Leute, mindestens ein kompetentes Einsatzteam. Das war der Grund, warum

Jesus losgezogen ist und sich Leute gesucht hat und sie langsam zu Rettern ausgebildete. Ihm war wichtig, dass diese Mitarbeiter schon einen Beruf hatten, dass sie sich mit dem Leben auskannten, wie z. B. die Fischer vom See Genezareth. Die konnten zupacken, die wussten, zu welcher Tageszeit man die Netze auswerfen musste. Zugleich konnten seine Rettungsassistenten durch Jesus noch eine Menge hinzulernen. Sie mussten das Vertrauen lernen, dass Gott gegen den Augenschein zu helfen weiß. Sie mussten erfahren, dass Muskelkraft nicht ausreicht, um eine schwierige Lage zu meistern. Da gehört vorher Überlegung dazu, da braucht es eine Einsatzleitung, die den Überblick behält, wo es eigentlich brennt, da braucht es dann und wann mal ein Gebet, damit man den Mut hat, ins Feuer hinein zu gehen, dort wo es richtig brenzlig ist.

Jesus hat als gut ausgebildeter Retter das immer wieder getan. Wo es brenzlig wurde, war er da. Wo eine Frau ihn um Hilfe angefleht hat, hat er sie gesund gemacht und nicht weggestoßen. Wo dämonische Kräfte den Menschen bedroht haben, hat er in Gottes Namen diese Dämonen vertrieben und die Menschen wieder auf die Füße gestellt. Wo jemand endlich sehen wollte, hat er ihm das Augenlicht wieder gegeben und wo alle über den Tod geweint haben, hat er seinen Freund Lazarus aus dem Grab zum Leben gerufen. Davon sollten seine Jünger lernen. Sie sollten dasselbe in der Kraft Gottes tun. Sie sollten wie der Prophet Jona eine Taufe erhalten, damit sie vor der Gefahr nicht wegrennen, sondern hingehen und sich der Gefahr stellen.

Nicht jeder hat diese Ausbildung zum Retter geschafft, das wissen wir. Judas hat alles enttäuscht hingeschmissen. Er war von Jesus enttäuscht, hatte mehr von ihm erwartet. Er hatte gedacht, dass er die ganze Welt und nicht nur ein paar Leute retten und glücklich machen würde. Aber Paulus, der Apostel, hatte kapiert, dass es um jeden einzelnen geht und nicht gleich um die ganze Welt.

Jesus hatte ihn gerettet, heraus aus seinem Fanatismus, mit dem Paulus einst die Christen verfolgt hatte. Er hatte ihn von der Blindheit befreit. Er konnte zuvor nicht sehen, dass Gott in Jesus den Menschen einen Retter gesandt hatte. Nun war Paulus sehend geworden und ließ sich taufen. Er wollte selbst solch ein Retter werden, hauptberuflich, gut ausgebildet wie die heutigen Feuerwehrmänner- und Frauen.

Er wollte jedem sagen, wie viel Geduld Gott mit ihm gehabt hatte. Die gleiche Geduld hatte er mit allen Menschen, die sich verloren vorkamen. Es gibt eine Hilfe, ihr könnt darauf vertrauen, Gott lässt euch nicht im Stich. Wählt die himmlische Notrufnummer, sprecht ein Gebet, wendet euch an Christus. Sein Angebot für ein Leben, das neu beginnt, gilt allen. Weil das so ist, applaudiert zum Schluss Paulus seinem Gott und spricht:

„Es gehört sich, dem König der Ewigkeit, dem unvergänglichen, unsichtbaren, einzigen Gott, dem Ziel unseres Lebens, kräftigen Applaus zu spenden und ihn dauerhaft hochleben zu lassen. Amen"

O.

Wer nichts wagt, der nichts gewinnt

1.Mose 12,1-4a (5. Sonntag nach Trinitatis)

Empfohlener Taufspruch: *Gott spricht: „Ich werde dich segnen und deinem Namen Bedeutung schenken*[99]*, und du sollst selbst ein Segen sein." (1.Mose 12,2b)*

Sprecher: Heute habe ich einen kleinen Gast bei mir, der sonst ganz woanders lebt. Es ist der Maulwurf Friedolin. *(Friedolin stellt* sich durch Kopfnicken vor.) Friedolin, wie bist du in den Gottesdienst gekommen? Du lebst doch sonst unter der Erde und wühlst dir dort dunkle Gänge frei.

---

[99] Das hier verwandte Wort „גדל/gadal" in der Piel-Form meint „angesehen, mächtig machen". Siehe dazu Gesenius, a.a.O. S.131

Friedolin: Wer nichts wagt, der nichts gewinnt!

Sprecher: Wer nichts wagt, der nichts gewinnt, wie meinst du das?

Friedolin: Na, wenn ich immer nur im Dunkeln bleibe unter der Erde, dann sehe ich doch nie, was ihr hier oben macht.

Sprecher: Aber hier oben auf der Erde ist es doch sehr gefährlich für dich. Du kannst kaum sehen, du kannst schlecht laufen, wie willst du hier überleben?

Friedolin: Wer nichts wagt, der nichts gewinnt! Ich habe es heute gewagt, einmal aus meinen Erdgängen herauszukommen. Und ich staune, wie schön es hier ist. Lauter Licht und Sonne und ganz viel Luft. Und viele, viele Menschen, und sogar Kinder.

Sprecher: Hast du denn gar keine Angst, Friedolin? Die Menschen vertreiben dich doch sonst aus ihren Gärten. Die mögen es nämlich gar nicht, wenn du deine Erdhaufen im Garten aufschichtest.

Friedolin: Weiß ich selbst. Aber ich muss doch auch mal Luft holen. Dabei muss die Erde, die ich gegraben habe, irgendwo hin. Das müssen die Leute doch verstehen. Außerdem: Wer nichts wagt, der nichts gewinnt! Und ich habe es heute mal gewagt, zu euch zu kommen, selbst wenn ihr mich nicht mögt.

Sprecher: Was heißt, wir mögen dich nicht? So stimmt das auch nicht. Eigentlich bist du ein netter Kerl, Friedolin. Die meiste Zeit bist du schließlich unter der Erde. Aber wenn du heute schon einmal da bist, dann will ich dir eine Geschichte erzählen aus der Bibel, wo einer ganz viel gewagt und zum Schluss sogar gewonnen hat.

Friedolin: Au fein. Da bin ich aber gespannt.

Sprecher: Es ist die Geschichte von Abraham, der vor vielen, vielen Jahrhunderten in einem weit entfernten Land, das wir heute Syrien nennen, mit seiner Familie gelebt hat. Damals lebte die ganze Familie noch zusammen. Seine Mutter und sein Vater Terach gehörten dazu, auch sein Neffe Lot war noch dabei. Sie alle waren gemeinsam aufgebrochen nach dem Motto:

„*Wer nichts wagt, der nichts gewinnt!*"

Sie waren aufgebrochen mit ihren Kamelen und Ziegen, mit ihren Eseln und Schafen, mit ihren Dienerinnen und Dienern. Immer entlang der großen Handelsstraße waren sie von Ur weggezogen, der großen berühmten Stadt am Fluss Euphrat, der heute durch den Staat Irak fließ.

Nach Norden waren sie gezogen in der Hoffnung eine neue Heimat und ein neues Auskommen zu finden. Eigentlich wollten sie nach Kanaan, das Land in dem Milch und Honig fließen sollte, wo die Hügel noch bewaldet waren und das Land reichen Ertrag an Früchten gab. Aber der Weg war ein weiter und so kamen sie langsam voran und blieben in Haran sitzen, der Hauptstadt des assyrischen Reiches.

Dort gab es Ärger in der Familie. Denn Abraham hatte beschlossen, weiterzureisen. Seine Mutter ging zum Vater Terach und sagte: „Hast du das schon gehört. Abraham will nicht hier bei uns in Haran bleiben. Er will weiterziehen nach Kanaan. Der Junge weiß nicht, was er da tut. Das ist doch viel zu gefährlich. Hier hat er ein Zuhause, dort besitzt er noch überhaupt kein Land und kein Haus. Wie ein Nomade wird er in Zelten leben müssen."

„Wer nichts wagt, der nichts gewinnt!", antwortete der uralte Vater Terach seiner Frau. „Schau mal", sagte er ich bin jetzt bald 205 Jahre alt und kann nicht mehr aufbrechen. Aber lass den Jungen und seine Frau doch ziehen. Erinnere dich daran. Wir haben den Neubeginn damals auch gewagt vor vielen Jahren, als wir noch jung und die Kinder klein waren. Es war nicht leicht, von Ur wegzugehen. Dort hatten wir auch keine Zukunft mehr. Wir mussten neu anfangen. Lass ihn ziehen. Er ist doch noch jung. Er ist doch erst 75 Jahre alt."

„Glaubst du das denn, was er da immer wieder erzählt", fragte Terachs Frau. „Er sagt, er hätte mit Gott gesprochen. Oder besser gesagt:

Gott hätte mit ihm gesprochen und ihn gerufen von uns wegzugehen und in ein neues Land zu ziehen?"

„Warum nicht?", antwortete Terach, „auch wir sind damals aufgebrochen, weil wir einer inneren Stimme gehorcht haben, die uns ein besseres Leben verheißen hat. Nicht umsonst haben wir ihn Abram genannt, das heißt doch: „Mein himmlischer Vater, Gott, ist erhaben." Wir glauben an diesen Gott, der uns ruft. Abraham glaubt an diesen Gott, der ihn ruft, lass ihn ziehen, dann wird er Gottes Segen erfahren, wie wir ihn erfahren haben." „Wenn du meinst", antwortete Terachs Frau, die Mutter von Abraham. „Dann soll er ziehen, wenngleich es mir mein Herz brechen wird."

So zog Abraham mit seiner Frau und seinen Neffen und all seinem Besitz los, Richtung Süden, entlang der Handelsstraße nach Ägypten, nach Kanaan. Unterwegs musste er immer wieder daran denken, was Gott ihm gesagt hatte:

„Ich will dich zu einem großen Volk machen", hatte Gottes Stimme ihm gesagt, „ich will dich segnen und dir einen großen Namen machen, und du sollst ein Segen sein. Mehr noch: Ich will segnen, die dich segnen und verfluchen, die dich verfluchen; und in dir sollen gesegnet werden alle Geschlechter auf Erden."

Eigentlich war das ganz schön vermessen, diese Worte Gottes. Wie konnten alle Menschen durch diesen einen gesegnet werden. Aber es war diese Stimme, die ihn rief und der er nicht widerstehen konnte, die Stimme des Himmels, die ihn aufbrechen ließ. Wer nichts wagt, der nichts gewinnt, könnte man also sagen. Oder mit den Worten des Abraham: Wer nichts glaubt, wir auch nicht den Segen Gottes erlangen.

Friedolin: Und wie ist nun diese Geschichte ausgegangen?

Das kann ich dir und ihnen heute gar nicht alles erzählen. Das musst du einmal selbst nachlesen in der Bibel im ersten Buch von Mose. Da steht die ganze Geschichte von Abraham drin. Nur so viel:

Es kam alles anders, als er sich gedacht hatte. Abraham und seine Familie erreichten zwar das Land Kanaan, aber es dauerte lange, bis sie dort wirklich ansässig waren. Wie die Nomaden zogen sie von Ort zu Ort und mussten sich mit den anderen Leuten streiten. Milch und Honig flossen nicht überall. Man musste richtig arbeiten, um etwas zu essen zu haben. Manchmal gab es gar nichts, weil es nicht regnete und das Land trocken blieb. Da mussten sie in das Nachbarland ziehen und betteln gehen. Selbst mit dem Kinderkriegen, mit dem versprochenen Segen von Gott, war es schlecht bestellt. Abraham und seine Frau Sarah wurden alt und älter und keiner dachte mehr, dass sie noch Kinder bekommen würden. Wer nichts wagt, der nichts gewinnt, hatten sie vor ihrem Aufbruch gesagt. Doch nun sagten sie: „Wer zu viel wagt, verliert zuletzt alles."

Aber ein Funken Glaube lebte dennoch in Abraham, dass Gott ihn nicht vergessen würde. Sie bekamen tatsächlich noch ein Kind, den Isaak, mit dem die Geschichte weiter ging, die Geschichte des Glaubens an den Gott, der mich ruft, weg von Zuhause, weg aus meiner gewohnten Umgebung, weg sogar von meiner Verwandtschaft, weg von meinen Sicherheiten. Der Glaube an diesen Gott, der mich ruft und meinen Namen kennt, hat Abraham und Sarah immer wieder geholfen, nicht aufzugeben und zu spüren, wie Gott sie trotz allem gesegnet hat.

So wie heute Morgen, lieber Friedolin, wo wir ein kleines Kind taufen werden. Das ist ein spürbarer Segen für eine Familie. Trotzdem muss sich eine Familie mit einem Kind ganz neu auf den Weg machen und alte Pfade verlassen. Da muss man sich eine neue passende Wohnung suchen. Da gibt man sein altes Zuhause auf, um mit dem Partner zusammen zu leben. Da braucht man einen großen Glauben, dass Gott sein Wort wahr machen will und uns segnet, damit wir später auch zum Segen für andere werden können.

Friedolin: Siehst du, wer nichts wagt, der nichts gewinnt. Das stimmt also doch.

Sprecher: Klar, Friedolin, das stimmt schon. Aber vielleicht ist das wie beim Bungee-Jumping. Bevor du in die Tiefe springst, solltest du genau auf die Stimme des Leiters hören, der dir erklärt, wie der Sprung zu laufen hat, damit du dich nicht verletzt. Du solltest das Seil geprüft haben, damit es wirklich hält, wenn du springst.

So ist es mit dem Glauben. Bevor du aufbrichst und etwas Neues wagst, solltest du in dich gehen und hinhören, ob es wirklich die Stimme Gottes war, die dich gerufen hat. Dann sind hoffentlich andere da, wie bei Abraham, mit denen du das besprechen kannst und die sogar mit dir gehen in ein neues Land, wo das Leben anders und vielleicht besser sein soll.

Es wird immer Stimmen geben, die dich halten wollen, die dir den Glauben daran nehmen und sagen: „Du bist nicht richtig, du bist auf dem falschen Weg. Wage nicht zu viel, sonst kommst du um.“ Abraham hat deshalb Gott einen Altar gebaut und ihn angerufen. „Hallo Gott, bin ich hier richtig? Zeige mir meinen Weg, lass mich nicht in die Irre laufen! Hilf mir, dass ich deinen Segen spüre.“ Immer wieder hat er so gebetet, immer wieder hat er angehalten auf seinem Weg. Dadurch wurde aus dem Wagnis die Gewissheit: Ich bin richtig, Gott begleitet mich. Diese Gewissheit wünschen wir unserem kleinen Täufling, dass er Gottes Stimme für sein Leben hören möge und ihn fragen kann, wo und wie ihr Lebensweg weiterlaufen soll.

Friedolin: Meinst du, ich habe vielleicht zu viel gewagt, als ich meine Wohnung in der Erde verlassen habe. Ich habe nämlich Hunger, und bei euch gibt es gar keine Regenwürmer und Larven, die so lecker schmecken.

Sprecher: Na, du bist ganz schön mutig gewesen, Friedolin, einfach hierher zu kommen. Aber eigentlich gehörst du in die Erde. Wer zu viel wagt, kann viel verlieren. Aber wer gar nichts wagt, gewinnt nichts.

Friedolin: Gut, dann wage ich es mal wieder, große Haufen auf der Wiese zu bauen. Dadurch gewinne ich viel Raum für mich und finde viele leckere Würmer und Larven. Wenn die Menschen mich jagen, verstecke ich mich einfach.

Sprecher: Mach´s gut, Friedolin, und komm uns mal wieder besuchen.

P.

Grille und Ameise – vom Lob der Faulheit und des Fleißes

Matthäus 6,25 und Sprüche Salomo 6,6-1 (6. Sonntag nach Trinitatis)

Empfohlener Taufspruch: „„*Seid nicht besorgt um euer Leben, was ihr essen und trinken werdet; auch nicht um euren Körper, was ihr anziehen werdet. Ist das Leben nicht mehr als die Speise und der Körper nicht mehr als die Kleidung?“ (Matthäus 6,25)*

Die Sommerferien haben begonnen und viele reisen fort, um sich zu erholen und die Seele baumeln zu lassen. Vergessen ist der Stress der vergangenen Wochen, die Mühsal, die man am Arbeitsplatz oder in der Schule hatte. Vergessen ist auch die Mühe und Anstrengung der Geburt, es überwiegt die Freude an den Kindern, die sie zur Taufe bringen.

Da stellt sich uns heute ein Tier vor, das gut in die Sommerzeit passt. Es ist die Grille, die das warme Wetter besonders liebt und mit den Flügeln Musik macht, so dass die Menschen sie auf den Wiesen und Felder summen und surren hören. Genauer gesagt sind es nur die Männchen, die im Sommer diese Musik machen und damit die Weibchen zur Paarung anlocken wollen.

Die Menschen hat das Surren der Grillen immer schon beeindruckt und auf die Sommerzeit, die freie Zeit, das Ausruhen eingestimmt.

Ähnlich wie die Grille kann das die Zikade, die entweder mit einem extra Trommelorgan im Hinterleib oder mit ihren großen Rüsseln am Kopf diese Musik erzeugen. Ihr Gesang soll vor allem die Damen anlocken und den anderen männlichen Wesen zeigen, dass hier das eigene Revier beginnt.

Leider sind Grillen und Zikaden durch ihren schönen Gesang in einen schlechten Ruf geraten, so als hätten sie gar nichts anderes zu tun, als zu singen und zu faulenzen. Dabei laden die Ferien und die Sommerzeit zum Faulenzen ein. Entspannung und Rekreation gehören genauso zum Leben wie das Arbeiten und Schaffen. Das wurde bereits auf der ersten Seite der Bibel, im sogenannten ersten Schöpfungsbericht deutlich. Nach getaner Arbeit ruht sich Gott erst einmal aus. Er genießt sozusagen, was er hervorgebracht hat. Er findet Zeit, sein eigenes Werk zu betrachten und ihm dadurch einen Wert zuzusprechen. Er tauft sozusagen am siebten Tag sein Werk, indem er ausruht und feiert und diesen siebten Tag segnet und heiligt. Natürlich hätte er einfach weiter schaffen können. Aber dann wäre er seiner eigenen Schöpfung nicht ansichtig geworden und hätte er ihre Schönheit nicht entdeckt.

Sie haben sich heute mit den Taufkindern eingefunden, um die Geburt zu feiern, um die Kinder bewusst als neue Erden- und Familienbürger wahrzunehmen, um Zeit zu finden, ein Lied zu singen zu Ehre und zum Lobe Gottes, der uns dieses Leben geben hat. Wir stimmen ein Lob der Gnade an, ein Lob des Geschenks an, durch dass wir unser eigenes Leben und das unserer Kinder und Kindeskinder erhalten haben. Deshalb sollten die Grille und die Zikade bei uns in einem besseren Ruf stehen. Denn sie singt für uns im Sommer und lässt das Leben leicht und schön erscheinen. Sie lässt uns die Schönheit von Gottes Schöpfung entdecken.

Dennoch hat die Bibel nicht die Grille oder die Zikade, sondern ein anderes Insekt in den Vordergrund gestellt. In den Sprüchen des Königs Salomo im 6. Kapitel spielt die Ameise eine große Rolle.

Sie wird zum Vorbild für den Menschen, der durch Fleiß ein gutes Leben sich aufbauen will und kann. Dort lesen wir:

„Geh hin zur Ameise, faul wie du bist, betrachte ihre Wege[100] *und werde weise! Denn es ist für sie kein Fürst noch Aufseher noch sonstige Obrigkeitsperson zuständig.8 Sie wird (trotzdem) ihr Brot im Sommer herstellen und einen Vorrat in der Erntezeit anlegen. Wie lange liegst du, Fauler! Wann wirst du aufstehen von deinem Schlaf? Ein wenig Schlaf, ein wenig Untätigkeit, ein wenig die Hände ineinanderlegen, auf dass du schläfst, so wird deine Armut kommen wie ein Räuber und deine Bedürftigkeit wie ein unüberwindbarer Kämpfer*[101]*.“*

Das sind deutliche Worte. Faulenzer, Urlauber sind hier nicht erwünscht. Nur durch Fleiß kommt man zur Überwindung von Armut. Da ist ja auch etwas Wahres dran. Fleiß ist in der Spaßgesellschaft ein fast vergessener Wert. Doch es ist kein Wunder, dass gerade in der Wirtschaftskrise der allgemeine Krankenstand in Deutschland so niedrig wie noch nie ist. Keiner traut sich mehr, sich krank zu melden, weil er fürchten muss, den Job zu verlieren. Fleiß wird plötzlich von vielen Betrieben gefordert, ohne zusätzlichen Lohn soll mehr gearbeitet werden, um den Betrieb am Leben zu erhalten.

Die Ameise rückt wieder mehr in das Bewusstsein der Menschen, weil sie emsig hin und her rennt und so ihren Lebensunterhalt sichert. Die anderen sind faul wie die Grille, leben nur von Sozialhilfe, lassen sich auszahlen. Ist das gerecht? Sollen die nicht mehr tun? Schon im 17. Jahrhundert hat Jean de la Fontaine deshalb Grille und Ameise genutzt, um auf den Unterschied zwischen Fleiß und Faulheit aufmerksam zu machen. Bei ihm ging die Geschichte böse für die Grille aus. Hören wir sein Gedicht:

---

[100] So die wörtliche Übersetzung. „דרך /däräch“ kann im übertragenen Sinn auch Wandel und Lebensweise bedeuten. Siehe Gesenius, a.a.O. S.169 Punkt 2b

[101] Wörtlich: wie ein Mann des Schildes, wie ein gewappneter Mann:„ke´isch magen/כאיש מגן“.

Die Grille und die Ameise

Die Grille trällerte und sang
Den ganzen lieben Sommer lang
Und fand sich plötzlich sehr beklommen,
als der Nordwind war gekommen:
im Haus war nicht ein Bröselein
Regenwurm und Fliegenbein

Hunger schreiend lief sie hin
Zur Ameis', ihrer Nachbarin,
mit der Bitte, ihr zu geben
etwas Korn zum Weiterleben
nur bis nächstes Jahr:
Ich werde Euch zahlen, sprach sie gar,
noch vor Verfall, mein Grillenwort,
Hauptstock, Zinsen und so fort.

Die Ameis aber leiht nicht gern;
Sie krankt ein wenig an Knausrigkeit:
Was triebt Ihr denn zur Sommerzeit?
Fragt sie die Borgerin von fern.
Da war ich Tag und Nacht besetzt,
ich sang und hatte viel Applaus.
Gesungen habt Ihr? Ei der Daus,
wohlan, so tanzet jetzt![102]

Gemein, möchte man sagen. Faulheit und Fleiß treffen hier aufeinander als Grille und Ameise und keiner hat für den Anderen Verständnis. Knausrigkeit macht die Beziehung kaputt, statt sommerlicher Gefühle bleibt nur eine winterliche Kälte übrig und auf dem Bild zum Gedicht liegt die arme Grille tot neben dem Baum-

[102] Aus: Dithmar, Reinhard (Hrsg.): Fabeln, Parabeln und Gleichnisse. Beispiele didaktischer Literatur. München 1970. S. 146, gefunden unter der Internetadresse: https://www.lmz-bw.de/fileadmin/user_upload/Medienbildung_MCO/... · PDF Datei www.mediaculture-online.de 1 Jean de La Fontaine: Die Grille und die Ameise

stumpf. Dabei hatte sie doch so schön im Sommer gesungen und das Herz vieler leicht gemacht und erfreut.

Was ist nun wichtig im Leben, die Faulheit, das Ausruhen und sorglose Dasein, die Kunst, die Muse, die Musik oder der Fleiß, das Streben nach Höherem, das gesicherte Einkommen? Was bringen wir unseren Kindern als christliche Werte bei, wenn wir sie heute zum Taufbecken tragen? Wie soll ihr Leben geprägt sein, was erwartet Gott von ihnen, worauf hin sollen wir sie erziehen?

Die Antwort ist deutlich:

Die Bibel kennt beide Seiten des Lebens. Sie weiß darum, dass uns das Leben geschenkt worden ist und wir dazu gar nichts hinzufügen können. *„Seid nicht besorgt um euer Leben*[103]*, was ihr essen und trinken werdet; auch nicht um euren Körper, was ihr anziehen werdet. Ist das Leben nicht mehr als die Speise und der Körper nicht mehr als die Kleidung“*[104]*,* sagt Jesus seinen Jüngern und er vertraut dabei auf Gott, der für uns Sorge trägt.

Ja, wir dürfen wie die Grille sein, Muße haben und das Leben an warmen Sommertagen genießen, und vielleicht dazu noch schöne Musik hören oder sie selber machen. Nur dann gelingt uns das Lob, zu dem wir doch erschaffen wurden, das Lob von Gott, der uns erhält.

Zugleich sind wir aufgerufen, den Garten „Erde“ mit unserer eigenen Kraft zu bebauen und zu bewahren und mit Fleiß darin zu arbeiten, das eigene Leben zu sichern, soweit wir es können. Und dabei die mitzutragen, die es nicht mehr können, weil das Schicksal sie aus der Bahn geworfen hat und sie auf die Mithilfe anderer angewiesen sind. Denn so sagt es die Bibel deutlich:

---

[103] Für Leben steht hier das griechische Wort „psychä/ψυχη“. Es bezeichnet in erster Linie das physische Leben, das begrenzt und vom Tod bedroht ist. Doch gerade bei Matthäus meint ψυχη wahrscheinlich das Selbst des Menschen, das vor Gott lebt und einst die Verantwortung im letzten Gericht ablegen muss. Siehe dazu Schweizer in THWNT, Bd. IX, S.638

[104] Matthäusevangelium 6,25

„Hütet euch vor jeglicher Form von Habgier, denn selbst wenn jemand überreich daherkommt, besteht sein Leben nicht in seinem Hab und Gut.“[105]

Hätte die reiche und fleißige Ameise nur ihre Türe im Winter für die Grille aufgemacht. Dann hätte die Grille ihr etwas vorgesungen und das strenge Leben der Ameise wäre leichter geworden.

Übrigens, in der Natur ist das so. Bei den Zikaden, die auch gerne im Sommer laut singen, leben die Ameisen durchaus von diesen Sängern. Denn die Zikaden zapfen mit ihrem langen Rüssel die Wurzeln und Stämme von Pflanzen an und saugen den Zuckersaft. Soviel, dass sie gar nicht alles selbst verdauen können. Den Rest scheiden sie einfach aus. Dieser sogenannte Honigstau wird vielfach von anderen Insekten aufgenommen. So lebt z.B. die Ginsterzikade in enger Beziehung mit Ameisen. Hätte das Jean de la Fontaine im 17.Jahrhundert schon gewusst, hätte sein Gedicht über Grille und Ameise einen anderen Ausgang gefunden und das Lob der Faulheit wie auch das Lob des Fleißes wäre zu gleichen Teilen erklungen.

---

[105] Lukasevangelium 12,15; Klaus Berger und Christiane Nord übersetzen diesen Vers noch drastischer: „Die Besitzgier meidet wie die Pest! Denn das Leben kann doch nicht in Bergen von Besitztümern bestehen.“ Siehe „Das Neue Testament und frühchristliche Schriften“, 1. Aufl. Frankfurt 1999, S. 472

Q.

Kosten vom Brot des Lebens

Johannesevangelium Kapitel 6,27 und 33-37 (7. So. nach Trinitatis)

Empfohlener Taufspruch: *Jesus spricht: „Ich bin das Brot des Lebens. Wer zu mir kommt, der wird keinen Hunger mehr verspüren; und wer an mich glaubt, der wird keinen Durst mehr haben." (Johannes 6,35)*

Jesus spricht zu den Leuten, die nach ihm suchen und ihn zum Brotkönig machen wollen, weil er die fünftausend Menschen mit fünf Broten und zwei Fischen satt machte:

„27 Bemüht euch nicht um verderbliche Speise, sondern richtet euer Tun auf eine unverderbliche[106] *Speise aus, die zum ewigen Leben führt und die euch der Menschensohn*[107] *geben wird; diesen hat Gott, der Vater, mit Himmelskraft ausgestattet.*[108] *33 Denn er ist das Brot*

---

[106] Wörtlich ist hier mit den Worten „την βρωσιν την μενουσαν/ tän brosin tän menusan" von einer bleibenden Speise die Rede. Die folgende Präposition „εις/eis" bezeichnet das ewige Leben als Zweck und Ziel des menschlichen Tuns. Siehe Rienecker, a.a.O. S.210.

[107] Der Titel „Menschensohn" ist eine aus dem Buch Daniel (Kapitel 7,13) stammende Bezeichnung für den erwarteten Messias und Heiland, der das Gottesvolk zu seiner Erlösung führen wird. Im NT wird dieser Titel auf Jesus bezogen, allerdings erscheint er da nur in Aussprüchen Jesu, nie als Anrede an ihn oder in der Aussage über ihn. Siehe dazu das Calwer Bibellexikon, hrsg. v. K. Gutbrod, R . Kücklich und Th. Schlatter, 5.Aufl. Stuttgart 1985, Sp.889+890

[108] Bauer betont, dass es bei dem Wort „σφραγιζω/sfragizo" in alttestamentlicher und vorchristlicher Literatur um eine endzeitliche Versiegelung der Glaubenden/Märtyrer geht und im Christentum die Versiegelung der in die Gemeinde Eintretenden mit dem Heiligen Geist gedacht wird. Doch sei an unserer Stelle die Bedeutung des Wortes noch gesteigert. Hier gehe es nicht nur um das Versehen mit einem Erkennungszeichen, sondern um die „Ausstattung mit der Himmelskraft". Siehe Bauer, a.a.O. Sp. 1576 .Die Zeitstufe des Aoristes betont dabei, dass hier eine einmalige Ausstattung stattgefunden hat, wahrscheinlich ist damit Jesu Taufe durch Johannes gemeint, bei der er laut den synoptischen Evangelien Gottes Geist empfängt.

Gottes, das vom Himmel herabkommt[109] *und gibt der Welt*[110] *das Leben. 34 Da sprachen sie zu ihm: Herr, gib uns jederzeit dieses so beschaffene Brot. 35 Jesus aber sprach zu ihnen: Ich bin das Brot des Lebens. Wer zu mir kommt, der wird keinen Hunger mehr verspüren; und wer an mich glaubt, der wird keinen Durst mehr haben.36 Aber ich habe euch gesagt: Ihr habt (mich)*[111] *gesehen und glaubt doch nicht. 37 Alles, was mir der Vater gibt, wird zu mir kommen; und wer zu mir kommt, den werde ich nicht (gewaltsam) hinauswerfen*[112]*."*

Der Weg vom Korn zum Brot ist vielen Menschen bekannt. Schon die Bilderbücher in den Kindergärten lehren uns diesen Weg. Ich habe davon einige Bilder mitgebracht, um sie zu zeigen.

Zuerst einmal muss im Frühjahr oder Herbst der Boden vorbereitet werden, damit er die Körner aufnehmen kann. Dort ruhen sie in der Erde, bis Regen, Wind und Sonne sie zum Leben erwecken und kleine Pflanzen hervorsprießen. Dann beginnt das Wachsen, bis im Sommer die Felder grün und gelb sich wiegen und der Wind darüber streift. Nun ist es bald Zeit zur Ernte, die heute mit riesigen Maschinen erledigt wird. Früher musste das Korn noch mit der Hand gemäht und gedroschen werden, eine mühevolle Arbeit, die viele Leute beschäftigt hat. Heute können das wenige Personen, die mit dem Mähdrescher

---

[109] Diese Stelle erinnert an den Bericht aus dem 2. Mosebuch 16 über das Manna, das Himmelsbrot. Hier wurde ein Partizip Präsens verwendet, um deutlich zu machen, dass die Gabe der Himmelsspeise von damals sich heute durch Jesus neu ereignet und für den Glaubenden je neu ereignen wird.

[110] Hier steht für Welt der Begriff „κοσμος/ kosmos". Beim Evangelisten Johannes stellt sich die Erlösung als ein dramatisches Geschehen dar, in welchem sich die Liebe des Schöpfers in der Sendung des Sohnes in den Kosmos/Welt hinein erfüllt. Dieser Kosmos ist als die Gesamtheit alles Geschaffenen gedacht, umfasst aber zugleich die von Gott abgefallene und erlösungsbedürftige Menschheit. Siehe dazu H. Balz in EWNT, a.a.O.Sp.772

[111] Einige gut bezeugte Textfragmente lassen das „mich" aus, was aber den Sinn der Aussage nicht ändert.

[112] Diese recht wörtliche Übersetzung des Wortes „εκβαλλω/ekballo" schlägt Rienecker vor. Die Einheitsübersetzung spricht etwas moderater von „abweisen" statt vom gewaltsamen Rauswurf.

und den Traktoren in wenigen Stunden große Felder abmähen und zum Lager fahren. Doch ein Brot ist daraus noch lange nicht geworden.

Erst einmal muss das Korn seinen Weg zum Müller finden, der heute nicht mehr in kleinen Mühlen sondern in Großbetrieben arbeitet. Erst von dort kommt das Korn als fertige Backmischung oder als reine Getreideart zu den Bäckereien, gut verpackt in Säcken, so dass die Bäcker daraus wohlschmeckendes Brot machen. Ich habe heute einige Sorten Brot mitgebracht. Wer möchte den davon probieren und raten, aus welchem Korn es hergestellt worden ist.

(Gerstenbrot, Weizenbrot, Roggenbrot, Weißmehlbrötchen, Vollkornbrötchen, feingemahlenes Brot, grob geschrotetes Brot wird als Probe gereicht.)

Je nachdem, welche Kornsorte man nimmt, bekommt das Brot einen anderen Geschmack. Das gilt besonders von frisch gemahlenen Vollkornbroten, die noch alle Vitalstoffe in sich haben und nicht nur das reine Mehl. Solche Brote sind gesund, denn zum Abbau der Kohlenhydrate des Mehls in unserem Körper benötigen wir die Vitalstoffe des Keimes der Kornpflanze. Auf diese Weise bleiben wir auf Dauer gesund und munter und bekommen keine Zivilisationskrankheiten wie Zuckerkrankheit, Herzinfarkt, Fettsucht, Magen- und Darmgeschwüre, kranke Zähne und Krampfadern. Es kommt sehr darauf an, welches Mehl man verwendet und wie man sich insgesamt ernährt, damit man gesund bleibt und unsere Kinder gesund aufwachsen können.

Als Jesus damals von den Menschen zum Brotkönig gemacht werden sollte, weil er so viele mit wenigen Broten satt zu machen verstanden hat, hat er sich über den Inhalt der Brot keine Gedanken gemacht. Denn wir wissen aus Berichten der Römerzeit, dass damals das Mehl noch nicht ausgesiebt und zu reinem Weißmehl verarbeitet wurde.

Die Menschen backten ihr Fladenbrot mit frisch gemahlenem Vollkornmehl, wo alle Vitalstoffe drin waren und blieben dadurch automatisch gesund. Nein, Jesus musste kein Apostel einer gesunden Ernährung sein und für Vollkornprodukte Werbung machen. Das war allen selbstverständlich.

Er machte vielmehr Werbung für die Ernährung der Seele und pries das Brot des Himmels an. Solches Brot wollten die Leute zusätzlich haben. Sie dachten, dann wären alle Sorgen vorbei, keiner müsste mehr anstrengend arbeiten, um sich das tägliche Brot zu verdienen, keiner müsste mehr teilen, damit es für alle zum Schluss doch reichte.

Jesus wurde missverstanden. Es ging ihm nicht nur darum satt, warm und trocken zu sein, was auch wichtig ist. Es ging ihm um ein Brot für die Seele, damit diese nicht hungern muss. Es ging ihm um ein Wort, das Wunden heilt, oder um einen Blick, der den Neid auf andere auslöscht, oder um eine Berührung, die sagt, dass ich auf dieser Erde willkommen bin und nicht störe. Jesus wollte die Menschen nicht nur von außen, sondern von innen satt machen. Er wollte ihnen innen Frieden und Gelassenheit schenken, ein Wissen, dass Gott sie begleitet und nicht alleine lässt in ihrer Not. Deshalb bot er sich selbst als dieses Lebensbrot an: *„Wer zu mir kommt, der wird keinen Hunger mehr verspüren; und wer an mich glaubt, der wird keinen Durst mehr haben. Alles, was mir der Vater gibt, wird zu mir kommen; und wer zu mir kommt, den werde ich nicht hinauswerfen.“*

Es ist diese Gewissheit einer letzten Heimat beim himmlischen Vater, die uns innerlich satt macht. Es ist diese Verbundenheit durch Jesus zu Gott, die uns immer wieder stärkt, die Schwierigkeiten des Alltags anzugehen. Die Schwierigkeiten sind ja da. Heute ist es nicht einfach, sein Geld zu verdienen. Unter den Tauffamilien haben wir Menschen aus dem Bäckereigeschäft. Da heißt es früh aufstehen, wenn das Brot gebacken oder ausgefahren werden soll. Es ist ein hartes Brot, das erst nachher süß schmeckt, wenn man es lange gekaut hat. Aber nur dieses Vollkornbrot, woran man zu kauen hat, wird uns wirklich ernähren.

Da muss in der anderen Tauffamilie ein Umzug in Kauf genommen werden, weil der Vater als Soldat weit entfernt von der Heimat arbeitet. Zudem besteht die Sorge, dass er nach Afghanistan eingezogen wird in einen Krieg, der nicht zu gewinnen ist. Dort gibt es sicherlich genug zu essen, doch die Frage bleibt, ob dort die Seele versorgt wird, ob ich dort auch das Brot des Himmels empfange, das mich in der Not sättigt und innerlich ruhig stimmt?

Das sind alles bedrängende Fragen, die wir heute mitbringen, wenn wir die Kinder taufen wollen. Sie sollen von Beginn an erfahren, dass es im Leben eine zweite Ebene gibt, die genauso wichtig ist, wie das Essen, Trinken, die Kleidung und ein warmes Zuhause. Sie sollen wissen, wo sie dieses himmlische Brot bekommen, dass sie zufrieden stellt, weil ihre Angst vor dem Dasein gemildert wird. Einer ist da, der sagt: „Wer zu mir kommt, den werde ich nicht hinaus stoßen. Du bist angenommen, so wie du geschaffen bist. Du kannst kommen mit deinen Fragen und Sorgen, aber auch mit deinem Lachen und Glück."

Unsere Täuflinge sollen die Erfahrung machen, dass sie heranwachsen wie das Korn auf dem Feld und schließlich reifen und Frucht bringen und diese Frucht geerntet wird. Sie haben bestimmte Gaben und Fähigkeiten, die zu einem Brot gebacken werden können, dass andere satt macht und ihnen zum Leben verhilft. Sie selbst dürfen zum Lebensbrot werden in ihrer Familie, bei Freunden und an der Arbeit.

Dabei bleibt es wichtig, dass sie sich ganz geben lernen. Denn mit dem Auszugsmehl ohne den Keim des Kornes muss jedes Brot auf Dauer ohne Wirkung bleiben. Man wird zwar satt, aber nicht gesund. So hoffen wir, dass unsere Täuflinge sich später ganz an das Leben hingeben können, dass sie ganz ihre Fähigkeiten entwickeln und mit Freude ihrer Arbeit nachgehen können, dass sie ganz und nicht nur ein bisschen glauben können und so im Inneren die Sicherheit empfinden, die ihre Seele gesund sein lässt. Auf diese Weise werden sie als einzelne Körner zu dem Brot werden, dass unsere Gesellschaft nährt und in die Zukunft bringt.

R.

Auf Fels gebaut - Bausteine des Leben

Matthäus 5-7 (Bergpredigt) und 7,24-27 (9. So. nach Trinitatis)

Empfohlener Taufspruch: *Jesus spricht: „Ein jeder nun, der diese meine Worte hört und sein Tun danach ausrichtet, der gleicht einem verständigen Menschen, der sein Haus auf Fels baute." (Matthäus 7,24)*

Predigttext: *Jesus spricht: „24 Ein jeder nun, der diese meine Worte hört und sein Tun danach ausrichtet, der gleicht einem verständigen Menschen, der sein Haus auf Fels baute. 25 Als nun ein Platzregen*[113] *fiel und die Wasser kamen und die Winde wehten und auf das Haus losstürzten, fiel es doch nicht ein; denn es war auf Fels gegründet. 26 Und wer diese meine Rede hört und tut sie nicht, der gleicht einem Menschen ohne Verstand*[114]*, der sein Haus auf Sand baute. 27 Als nun ein Platzregen fiel und die Wasser kamen und die Winde wehten und*

[113] Das Wort „βροχη/brochä=Regen" stellt ein singuläres Wort im Neuen Testament dar und mein hier in Verbindung mit dem Einsturz des Hauses einen „Platzregen". Siehe Bauer, a.a.O. Sp.293. Die Einheitsübersetzung spricht von einem „Wolkenbruch".

[114] Der Begriff „μωρος/ moros" ist das Adjektiv „dumm, töricht, unsinnig" zu dem dazugehörigen Hauptwort „μωρια/moria", dass die „Dummheit" im religiösen Sinne meint, weil sie die Zeit des Kommens des Herrn verpasst. Daher werden die fünf törichten Jungfrauen, die nicht genug Öl in ihren Lampen für die Ankunft des Bräutigams haben, bei Matthäus auch als „μωραι/Morai", als „törichte Frauen" bezeichnet (siehe Matthäus 25,1-13). Zu Beginn der Bergpredigt Jesu warnt Jesus die Jünger davor, dass das Salz, mit dem sie ihr Tun würzen, nicht unsinnig und unbrauchbar sein darf (siehe Matthäus 5,13). Da steckt auch schon der Begriff „moros" drin. Die Bergpredigt wird dann mit unserem Gleichnis abgeschlossen. Damit erfolgt die erneute Mahnung vor religiöser Torheit und Dummheit, die nicht auf die Worte Jesu achtet.
Siehe dazu P. Fiedler in EWNT, Band II, Sp.1105ff.

auf das Haus losstürzten, da fiel es ein und sein Fall war groß[115]. *28 Und es geschah, als Jesus diese Rede vollendet hatte, dass die Menge der Leute außer sich war über seine Lehre; 29 denn er lehrte sie wie einer, der mit göttlicher Vollmacht ausgestattet war, und nicht (so bedeutungslos) wie ihre Schriftgelehrten." (Matthäus 7,24-27)*

Heute habe ich Bausteine mitgebracht, wie sie sich in jedem Haushalt mit Kindern befinden, meistens von der Firma Lego, die schon lange ein System mit Plastikbausteinen entwickelt hat, um daraus nicht nur kleine Häuser sondern vielfältige Bauten und Landschaften, Fahrzeuge und Burgen, Phantasiewelten und reale Welten zu erstellen. Ich selbst habe vor über 50 Jahren gerne mit diesen Legobausteinen gespielt und für meine Mutter Häuser mit Garagen gebaut, worin wir in meiner kindlichen Phantasie leben konnten.

Um ein solides Fundament, um Bausteine für ein langes und gelungenes Leben geht es in unserem Taufgottesdienst. Wir denken darüber nach, was alles notwendig ist, damit wir einen festen Stand im Leben bekommen und so manches Unwetter uns nichts anhaben kann.

Dazu hat Jesus seinen Zuhörern eine ganze Menge an interessanten Bausteinen und Ideen in seiner sogenannten Bergpredigt geliefert. Diese beginnt mit den Seligpreisungen. Jesus erzählt darin den Menschen, wie sie im Leben glücklich werden können. „Glücklich"[116], sagt er, „glücklich wirst du dann, wenn du in deinem Leben alles von Gott erwartest und ihm vertraust. Denn er ist der sichere Grund, auf dem dein Lebenshaus aufgebaut werden kann. Glücklich wirst du, wenn die Not der anderen dich berührt. Dann wird auch deine Last abgenommen werden. Glücklich wirst du werden, wenn Gewalt kein Wort ist, dass in deinem Sprachschatz vorkommt. Denn das Leben kannst du nicht zwingen, es will sich entwickeln und

---

[115] So die wörtliche Übersetzung, wie sie auch die Lutherbibel wiedergibt. Die Einheitsbibel umschreibt es moderner: „und wurde völlig zerstört".

[116] Hier gebe ich Teile der sogenannten Bergpredigt Jesu umschreibend wieder, wie man sie im Matthäusevangelium in Kapitel 5-7 findet.

entfalten. Glücklich wirst du sein, wenn dir Gottes Wille vor Augen steht. Dann denkst du nicht kurzfristig, dann wirst du nie kurzsichtig sein, sondern spüren, wohin Gott dein Leben lenken möchte. Großes Glück wirst du finden, wenn dein Herz rein ist, rein von bösen Gedanken, von Neid und Eifersucht. Sie zerfressen deine Seele, lassen dich nicht zur Ruhe kommen. Gott aber will dir das Leben schenken, umsonst, welch ein Glück! So kannst du wie Salz für die Erde sein, dich einmischen, dich untermischen, dich vermischen und Geschmack geben, manchmal auch brennen, denn Salz brennt in den Wunden der Welt, aber es reinigt sie auch.

So kannst du wie Licht für die Welt sein. Man wird auf dich schauen und sagen, dass dein Lebenshaus einen guten Grund hat. Man spürt dir dein Vertrauen in Gott ab, du strahlst Sicherheit aus. Selbst ein großes Unglück wird dich nicht völlig aus der Bahn werfen, denn dein Haus ist auf einen Felsen gebaut worden.

Daher habe Mut und baue fleißig am Lebenshaus weiter. Verzichte auf Gedanken, die den anderen verteufeln. Wenn es möglich ist, sei auf Versöhnung aus. Die Hand, die du dem anderen reichst, soll dich selber tragen.

Sei nicht kleinlich, Gott ist auch nicht kleinlich, wenn er an dich denkt. Er hat dir viele Gaben gegeben, nutze sie, damit das Haus auf festem Grund wächst.

Lasst dich nicht verführen, Beziehungen einfach wie ein faules Stück Holz wegzuwerfen. Sei treu, denn diese Treue hat dir Gott längst versprochen. Hätte er sonst seinen Sohn gesandt, damit sein Angesicht auf Erden sichtbar werde und wir ihn ganz neu als geliebten Vater ansprechen können?

Lass dein Wort etwas gelten. Wenn du ja sagst, soll es ein Ja sein und wenn du Nein sagst, dann soll es ein klares Nein sein. So können dich andere besser einschätzen, so bist du vertrauenswürdig. So übergibt man dir wichtige Aufgaben, an denen du wachsen und reifen kannst.

Schließlich: Bete sogar für deinen Feind, der dich verfolgt, was ja viel schwerer ist, als nur die zu lieben, die einen sowieso mögen. So soll dein Leben vollkommen sein, wie der Vater im Himmel vollkommen ist."

Diese und andere Worte hat Jesus damals gesprochen und damit Bausteine für ein Leben angedeutet, dass auf festen Felsen gebaut ist und beim Unwetter nicht bedroht wird, weil der Untergrund hält.

Für die Eltern des Täuflings ist es einen verantwortungsvolle Aufgabe, diesen festen Grund für sein Leben zu errichten und ihm einen Glauben mitzugeben, der ihn in schweren Zeiten das Gefühl der Geborgenheit vermitteln kann. Darin stehen die Eltern nicht alleine da, sie werden unterstützt von den Großeltern, die schon jetzt das Kind einmal übernehmen und auf ihn aufpassen. Sie werden unterstützt von den Paten und später von der Gemeinde, die mithelfen möchte, dass die Worte Jesu für das Kind zu Bausteinen seines Lebenshauses werden können.

Dabei ist Jesus wichtig, dass man nicht nur sein Wort weitersagt, sondern es tut. Wer seine Rede hört und sie nicht anwendet, der gleicht einem törichten Menschen, der sein Haus auf Sand gebaut hat. Bei einem Unwetter, bei Sorgen und Nöten, die an den Wänden des Lebenshauses wackeln, wird es keinen festen Stand haben, sondern in sich zusammenfallen.

Ein tragisches Beispiel eines solch zusammengestürzten Lebenshauses war das Schicksal des Countrysängers Gunter Gabriel, der im Juni im Alter von 75 Jahren gestorben ist. Am Abend vor seinem Geburtstag stürzte er schwer und brach sich den Halswirbel. Dreimal wurde er im Krankenhaus in Hannover operiert, aber er verlor den Kampf gegen den Tod. Über den Tod hatte Gabriel, der in den 70iger Jahren durch Hits wie „Hey Boss, ich brauch mehr Geld" berühmt geworden war, schon lange nachgedacht. Dabei wollte er sein Lebenshaus nicht auf Jesu Worten aufbauen. Der Glaube an einen Gott, der väterlich sein Leben begleitet, gab ihm nichts. Für ihn bliebe nach dem Ableben nur die Mülltonne, sagte er. Einen Sarg oder eine Urne wolle er nicht hinterlassen. Das ist natürlich eine provokante Rede eines Menschen, der sein Leben lang im Showbusiness gerne durch Provokationen aufgefallen ist. Wie es wirklich in ihm aussah und welche Hoffnungen und Sehnsüchte er noch hatte, können wir nicht sagen.[117] Wir können nur andere Beispiele wahrnehmen, wo Menschen sich bewusst auf Jesu Worte verlassen haben und damit ihr Lebenshaus auf einen sicheren Lebensgrund stellen. So sagt zum Beispiel Oksana Anderson, eine 32jährige Restaurant-Managerin aus Kassel:

„Ich glaube an die Liebe. Denn lieben und geliebt zu werden, macht uns stark und gibt das Gefühl, alles im Leben schaffen zu können. Liebe kennt kein Alter und keine Grenzen. Außerdem glaube ich, dass es schicksalhafte Begegnungen zwischen Menschen gib. Und ich glaube an mich selbst, weil ich auf dieser Welt bin und eine bestimmte Aufgabe erfüllen soll."[118]

Oksana Anderson singt hier das hohe Lied der Liebe, wie es auch der Apostel Paulus getan hat, als er sagte: „Nun aber bleiben Glaube, Hoffnung, Liebe, diese drei; die Liebe aber ist die größte der göttlichen Gaben." Es ist jene Liebe, die den festen Grund darstellt, auf dem das Lebenshaus errichtet werden kann, damit es nicht einstürzt.

Davon kann auch Bich-Hong Rupp erzählen, eine Vietnamesin, die heute als Erzieherin in einer Kasseler Kindertagesstätte tätig ist. Sie gehörte zu den sogenannten „Boat People", also den Flüchtlingen, die vor dem Vietnam-Krieg geflohen sind. Auf hoher See dachte sie nicht, dass sie diese Flucht überleben würde, doch wie durch ein Wunder wurden sie gerettet. Deshalb glaubt sie an Gott, dass er sie durch das

---

[117] Siehe dazu den Bericht über Gunter Gabriel in der Waldeckischen Landeszeitung vom 23.7.2017

[118] „Blick in die Kirche - Magazin", hrsg. vom Landeskirchenamt der Ev. Kirche in Kurhessen und Waldeck, Juni 2017, S. 2

Leben führt und sie glaubt auch an ihre eigene Stärke, die ihr geholfen hat schwierige Situationen zu meistern.[119]

Als Jesus damals zu den Menschen von den Bausteinen des Lebens gesprochen hat und sie ermahnte, ihr Lebenshaus auf einem festen Grund aufzubauen, haben die Leute gespürt, dass er nicht nur leere Worte von sich gab. Er redete mit Vollmacht, nicht wie die Schriftgelehrten, die die Bibel auszulegen hatten. Wenn er von Liebe sprach war eine Kraft da, die Menschen heilen und aufrichten konnte. Deshalb weiß der Evangelist Matthäus im Anschluss an die sogenannte Bergpredigt zu berichten, wie Jesus Menschen vom Aussatz befreit hat, wie er den Knecht eines römischen Hauptmannes heilte und wie er Gelähmte wieder auf die Füße stellte. Dass wir im Glauben an Gott, auf dessen dreieinigen Namen wir heute den kleinen Jungen taufen, ein solch stabiles Lebensfundament finden werden, darum wollen wir heute bitten.

S.

Auf die Beine kommen

Apostelgeschichte 3,1-10 (12. Sonntag nach Trinitatis)

Empfohlener Taufspruch: *Petrus spricht: „Silber und Gold besitze ich nicht; was ich aber habe, das gebe ich dir: Im Namen Jesu Christi aus Nazareth, steh auf und geh umher!“ (Apostelgeschichte 3,6)*

Auf die Beine kommen, so haben wir heute unseren Taufgottesdienst betitelt. Die beiden Bilder auf den Liedblättern erinnern daran, dass es ein langer Weg ist, bis man auf die Beine kommt und laufen lernt. Am Anfang strampelt man nur mit seinen Füßchen, die Babys sind sogar noch so gelenkig, dass sie die Zehen in den Mund stecken können. Monate lang bleibt der kleine Mensch auf seine Familie angewiesen. Denn Menschen gehören nicht zu den sogenannten Nestflüchtern wie

---

[119] Siehe dazu „Blick in die Kirche – Magazin“, a.a.O. S. 4

z.B. Pferde, Zebras, Kühe und Wildrinder oder Giraffen. Die kommen auf die Welt und können innerhalb weniger Stunden auf ihren Beinen stehen und sogar damit rennen. Das ist für sie lebenswichtig, damit sie ihren Feinden entkommen und bei der Herde bleiben können. Doch die Menschen sind sogenannte Nesthocker. Es dauert lange, bis sie wackelig auf den Beinen stehen und es dauert noch länger, bis sie endlich selbstständig sind und mit 20 oder 25 Jahren das Elternhaus verlassen werden und allein leben können.

Auf die Beine zu kommen beschäftigt daher die Eltern der Kinder lange Zeit. Sie helfen ihnen nicht nur bei den ersten Schritten. Sie helfen ihnen auch, die Welt zu verstehen, ermöglichen ihnen Bildung und Schulabschlüsse. Sie nehmen sie mit auf Reisen, führen sie in die Kultur des eigenen Landes ein, lassen sie in einem Familienzusammenhang aufwachsen, wo sie sich sicher und zuhause fühlen. All das wird ihnen helfen auf die Beine zu kommen, sicher im Leben zu stehen und schließlich feste Schritte in ihre eigene Zukunft zu machen.

Wie sehr wir bei diesem Ausschreiten ins Leben immer wieder den Zuspruch und die Hilfe anderer benötigen und wie sehr manchmal das freie Stehen im Leben bedroht ist, davon erzählt uns heute der Predigttext aus der Apostelgeschichte. Es ist eine Heilungsgeschichte, so wie wir sie von Jesus aus den Evangelien kennen. Es ist eine Auferstehungsgeschichte im wahrsten Sinne des Wortes, weil einer endlich wieder auf seine Beine kommt und sein Leben bewältigen kann. Aber hören sie selbst, was uns der Evangelist Lukas aus der ersten Zeit nach Jesu Auferstehung, aus der Zeit der Apostel berichtet:

Petrus und Johannes stiegen hinauf in den Tempel etwa um die neunte Stunde, zur (nachmittäglichen)Gebetszeit. Man trug einen gewissen Mann herbei, der von seiner Mutter Leib an lahm war; den setzten sie täglich vor die Tür des Tempels, die „die Schöngestaltete (Pforte)" genannt wird. Dort sollte er die Tempelbesucher um ein Almosen anbetteln. Als er nun Petrus und Johannes sah, die gerade im Begriff

waren den Tempel zu betreten, bat er um ein Almosen. Indem aber Petrus zusammen mit Johannes ihn fest in den Blick nahm, sprach er: „Schau uns an!" Der aber gab auf sie Acht und erwartete etwas von ihnen zu bekommen.
Petrus aber sprach: Silber und Gold besitze ich nicht; was ich aber habe, das gebe ich dir: Im Namen Jesu Christi, des Nazoräers[120]*, (steh auf)*[121] *und geh umher! Und er ergriff ihn bei der rechten Hand und richtete ihn auf.* [122] *Augenblicklich wurden seine Füße und Gelenke fest, und indem er aufsprang, stellte er sich hin und lief umher und ging mit ihnen in den Tempel, lief und sprang umher und lobte Gott. Und das ganze Volk sah ihn, wie er umherging und Gott lobte. Sie erkannten ihn wieder, dass er derselbe war, der vor der Schönen Tür des Tempels gesessen hatte, um Almosen zu erbetteln; und sie wurden erfüllt mit Verwunderung und Entsetzen (außer sich Sein)*[123] *über das, was mit ihm geschehen war.*

Soweit diese erstaunliche Geschichte aus der Bibel.[124] Gelähmt von Mutterleibe an, was für ein schreckliches Schicksal. Nie auf die eigenen Beine kommen, immer von der Hilfe anderer abhängig sein, immer nur betteln, um Geld, um Hilfe, um Zuneigung. Wie nur kann man damit zurechtkommen? Solche Schicksale kennen wir in Bad Arolsen zuhauf. Hier finden Menschen im Bathildisheim Hilfe,

---

[120] So wörtlich im Text „Ναζωραιου/Nazoraiou". Luther 1984 übersetzt es als Ortsangabe „Im Namen Jesu Christi von Nazareth".
[121] Wichtige Textzeugen wie z.B. der Codex Sinaiticus (א) und der Codex Vaticanus (B) lassen diese Aufforderung zum Aufstehen aus. Daher lässt die Einheitsübersetzung diese beiden Worte fort und Petrus sagt nur: „Geh umher!" Die Lutherübersetzung 1984 aber übernimmt beide Befehle: „Steh auf und geh umher!"
[122] Das Wort „εγειρω/egeiro" übersetzt die Basis-Bibel modern mit „hochziehen": „Petrus fasste den Mann bei der rechten Hand und zog ihn hoch." Doch in der ursprünglichen Bedeutung meint es „aufrichten", worin auch die Auferweckung von den Toten mitschwingt. Daher bleibe ich bei diesem Wort, wie es bereits Luther übersetzt hat.
[123] Hier steht das Wort „εκστασις/ekstasis", was an die Ekstase, also den Zustand der Verzückung, erinnert.
[124] Apostelgeschichte 3,1-10, Übersetzung G. Lueg

die von sich aus nicht auf die Beine kommen oder eben mit großer Mühe erste Schritte in ein selbstbestimmtes Leben gehen können. Gewiss, heute gibt es da viel mehr Unterstützung und Hilfsmöglichkeiten als damals. Wir sehen in unserer Stadt viele Rollstühle. Menschen, die nicht laufen können, bewegen sich damit selbstständig, mit eigener Muskelkraft oder mit dem Einsatz von elektrischer Energie. Ein großer Fortschritt für Menschen mit Behinderungen.

Damals gab es das nicht. Das einzige, was blieb, war die Bettelei an markanten Orten, wo die Menschen ein offenes Herz und einen offenen Geldbeutel hatten, z.B. an der Schönen Pforte des Tempels in Jerusalem. Hier war eine gute Stätte zum Betteln, hier wurden die Menschen im Tempel daran erinnert, dass wir alle zueinander gehören, behindert und nichtbehindert, das wir füreinander Verantwortung tragen, wie der Schöpfer unser aller Leben trägt. Da fiel auch mal etwas für den Gelähmten ab, der an der Schönen Pforte saß.

Das Schlimmste aber war: Zu der äußeren Lähmung kam eine innere Lähmung hinzu. Tag für Tag, Monat für Monat, Jahr für Jahr an derselben Stelle zu sitzen und betteln, das stumpft ab. Da hält man noch die Hand hin und bittet laut oder leise um eine milde Gabe. Der Blick ist längst trübe geworden und geht nach unten. Depression könnte man das nennen, weil dieser Mensch einfach nicht auf die Beine kommen kann.

In diesem Moment geschieht etwas Überraschendes: Petrus und Johannes, die beiden Jünger Jesu, betreten den Tempel zur Gebetszeit. Ihr Blick fällt auf den Gelähmten. Sie spüren, dass hier einer vom Leid der Jahre außen und innen gelähmt ist. Sie zücken nicht mechanisch den Geldbeutel, um eine Münze in seine Hand fallen zu lassen und damit entlastet den Tempel zu betreten. Sie bleiben stehen und eröffnen ein Gespräch. „Sie uns an", sagen beide und rufen ihn aus seiner Lethargie heraus. Wahrhaftig, der Gelähmte blickt sie an. Aber noch traut er einer neuen Zukunft nicht. Auf die Beine zu kommen, innerlich und äußerlich, ist eben kein leichter Prozess.

Zu sehr sind wir in unseren Lebenswegen eingefahren, zu sehr sind wir von Situationen gefangen genommen, dass wir darauf hoffen würden, endlich selbstständig laufen zu können.

Doch Petrus nimmt den Gesprächsfaden auf und lässt den Gelähmten etwas Unglaubliches hören. Silber und Gold hätte er nicht für ihn. Das wäre auch keine wirkliche Hilfe, weil es bald wieder ausgegeben wäre. Aber er hat etwas anderes zu bieten. Eine Kraft, die er selbst erlebt hat, als Jesus ihn nach der Auferstehung innerlich aufgerichtete. Schließlich hatte Petrus Jesus verraten, sogar mehrmals, er war nicht mehr wert gewesen, sein Jünger zu sein. Trotzdem war Jesus zu ihm gekommen. Zuerst hatte Petrus den auferstandenen Herrn nicht erkannt. Aber dann sah er, wie er für sie das Essen zubereitete, und ihm war deutlich, dass dieser Jesus wieder auf die Beine gekommen war.

Jesus behielt diese Kraft der Auferstehung nicht für sich. Er gab sie weiter an seine Jünger, die mit hängendem Kopf und Schuldgefühlen da saßen und nur zu ihrem alten Beruf zurück wollten. An diesem Punkt kam der Auferstandene auf Petrus zu und sagte: „Weide meine Lämmer, Petrus. Komm endlich wieder auf die Beine. Die Kraft der Auferstehung wird auch dich tragen." Und Petrus stand auf und ging nach vorne, in die Zukunft des Reiches Gottes.

Nun stand er hier mit Johannes vor dem Gelähmten. Silber und Gold konnte nicht bieten, aber er konnte ihm Anteil geben an dieser Kraft, die Menschen wieder auf die Beine zu bringen versteht. Deshalb sagte er: „Im Namen Jesu Christi von Nazareth steh auf und geh umher!" Der Mann stand auf und sprang umher und lobte Gott.

Was an dieser Bibelstelle wie ein unfassbares Wunder klingt, vollzieht sich in unseren Behindertenheimen viel langsamer. Hier wirken Menschen, die selbst diese belebende Kraft der Auferstehung erfahren haben und davon an andere etwas weiter geben wollen.

Sie sprechen mit ihren anbefohlenen Menschen, sie nehmen ihre Sorgen ernst, sie denken nach und denken sich aus, wie sie Menschen wieder auf die Beine bringen können. Manchmal gelingt ihnen das nur sinnbildlich, indem sie im anderen Freude und ein Lachen wecken können. Manchmal gelingt es im wörtlichen Sinnen, wo jemand mit Hilfsmitteln laufen lernt, wo er sein eigenes Zimmer bekommt und endlich etwas Selbstständigkeit gewonnen hat.

Auf die Beine kommen, das spüren wir bei der Taufe, ist ein Auftrag an uns alle, an die Eltern, an die Paten, an die Gemeinde, an die Gesellschaft. Gebt den Kindern gute Hilfestellungen, dass sie auf die Beine kommen. Schaut sie an, nehmt sie wahr, lauft nicht an ihnen vorbei, sprecht sie an, sprecht mit ihnen über ihre Situation, macht ihnen Mut, lobt sie und weist sie auch einmal zurecht, dann werden sie ihren Weg finden und innerlich wie äußerlich auf die Beine kommen und ihr Leben bewältigen.

Wenn es dabei Rückschläge gibt, wenn man Lähmungen spürt, die kaum zu überwinden sind, dann hofft auf den, der Jesus von den Toten zu neuem Leben erweckt hat, dann hofft auf Gott. Seine Kraft, die Kraft der Auferstehung, will unter uns immer wieder neu zur Entfaltung kommen. Die Taufe, das belebende und erfrischende Nass, ist dafür ein bleibendes Zeichen und ein Angeld, das mehr wert ist als alles Gold und Silber.

T.

(Über-) Leben in der Welt des Wettbewerbs

1. Timotheus 1,7 (16. Sonntag nach Trinitatis)

Empfohlener Taufspruch: *„Denn Gott hat uns nicht gegeben den Geist der Verzagtheit*[125]*, sondern der Kraft*[126] *und der Liebe und der Besonnenheit/Selbstbeherrschung*[127]*."*

Wenn Eltern sich einen solchen Bibelvers für die Taufe ihres Sohnes aussuchen, dann geschieht das nicht nur nach einer Mode, weil alle diesen Vers wollen, sondern es geschieht ganz bewusst. Denn die Eltern des Kindes wissen aus eigener Erfahrung, dass die Welt da draußen, die Welt des Wettbewerbes, die Welt des kaum noch abgefederten Kapitalismus, die Welt der hochspezialisierten Berufe, die Welt der vielen Umweltsünden, die Welt der Kriege und

---

[125] Die Einheitsübersetzung überträgt den Begriff „δειλια/deilia" als Verzagtheit. Laut Bauer kann man ihn sogar noch schärfer mit dem Wort „Feigheit" fassen. Bauer, a.a.O. Sp.343.

[126] G. Friedrich schreibt zum Begriff „δυναμις/dynamis=Kraft" folgendes: „Noch häufiger als Wort und Kraft werden Geist und Kraft miteinander verbunden Jes 11,2; 1. Kor 2,4; 1 Thess 1,5. In den parallelen Aussagen wirken beide Worte synonym, vgl.Lk 1,17; Apg 6,5-8; 10,38. Wo Geist ist, ist Gott am Werke, und darum geschieht etwas. … Die Krafttaten sind Auswirkungen des Geistes 1. Kor 12,10f." in: EWNT, Bd.1, Sp.866

[127] Das Wort „σωφρονισμος/sophronismos" entspricht dem bekannteren Wort „σοφροσυνη/ sophrosynä" und meint wie dieses die Besonnenheit, Mäßigung und Selbstbeherrschung. Im weltlichen Griechisch hängt es mit Klugheit, verständig-und nüchtern machen sowie mahnen zusammen.
Die Grundbedeutung des dazugehörigen Verbums „σωφρονεω/sophroneo" meint „geistig gesund sein/ bei Sinnen sein / normal sein" im Gegensatz zur Raserei des Besessenen. 2 Kor 5, 13 steht dieses Wort „sophroneo" dem Begriff der Ekstase gegenüber. Der göttliche Geist rekrutiert damit in seinem Handeln nicht nur auf Momente der Ekstase, sondern durchaus auf den gesunden Menschenverstand. Siehe dazu D. Zeller in EWNT, Bd.3, Sp.790 und Bauer, a.a.O. Sp.1588

politischen Unruhen zum Fürchten ist. Was gibt man da einem kleinen Kind mit auf seinen Lebensweg, damit er in dieser Welt bestehen kann und nicht an der eigenen Unfähigkeit oder Machtlosigkeit den Strukturen gegenüber verzweifelt.

Klar, man möchte ihm eine gute Ausbildung mitgeben, das ist wichtig, und deshalb fangen viele Eltern immer früher mit Bildungsangeboten für die Kinder an, lassen sie früh spielerisch fremde Sprachen wie das Englisch lernen. Das freie Spiel in der freien Natur kommt dabei kaum noch vor und ist doch für das Großwerden genauso wichtig.

Man bringt seinem Kind vielleicht eine gewisse Ellenbogenmentalität bei. Denn wer sich alles gefallen lässt, geht schon in der Schule schnell unter und hat später im Berufsleben gar keine Chance. Man sichert sein Kind frühzeitig ab, schließt eine Ausbildungsversicherung ab, versucht es auf eine Privatschule zu schicken. Es soll beste Startbedingungen haben, um im Leben zurechtzukommen. All das machen Eltern für ihre Kinder und hoffen dabei, dass sie ihnen etwas Gutes tun und ihnen den Weg ins Leben ebnen.

Doch wer sein Kind zur Taufe bringt, geht darüber noch einen Schritt hinaus. Das Materielle ist wichtig für einen guten Lebensstart. Aber es gibt auch die andere Seite, das Geistliche und Spirituelle. In welchem Geist werden wir das Kind erziehen, welche Werte werden wir ihm mit auf den Weg geben? Wird Weihnachten eine Geschichte sein können, die es trägt, wenn da von einem armen Königskind erzählt wird, dass ohne Gewalt seinen Weg zu gehen sucht und dabei doch unter die Räder kommt? Wird der Täufling später die Botschaft von der Auferstehung hören und damit die Hoffnung haben, dass es trotz aller Probleme mit ihm weitergehen wird? Paulus sagt: „Gott hat uns nicht gegeben den Geist der Verzagtheit."

Mit der Taufe soll ein anderer Geist in uns leben, der sich nicht einschüchtern lässt von all dem, was uns tagtäglich Angst machen kann: Die fallenden Börsenkurse, die Nachrichten über Naturkatastrophen, der Kampf mit der eigene Unzulänglichkeit.

An Weihnachten rufen die Engel daher den Hirten zu: „Fürchtet euch nicht. Auch wenn ihr es noch nicht glauben könnt, über eurem Leben ist ein Stern aufgegangen, der euch den Weg in die Zukunft weisen wird."

Wer auf Gott sein Vertrauen setzt, wird innerlich ruhig und gelassen werden. Sein Schicksal steht nicht nur in der eigenen Hand. Da denkt einer mit, da hält mir einer den Rücken frei. Da spüre ich einen anderen Geist: Es ist der Geist der Kraft, die die eigenen Ziele und Träume beharrlich angehen kann. Es ist der Geist der Liebe, die nicht ohne den anderen sein möchte, die Liebe, die für die Familie, für den Mann, die Frau, den Freund, die Freundin mitdenken und mitfühlen kann. Es ist der Geist der Besonnenheit und Selbstbeherrschung, der nicht übereilt handelt, weil er fürchten muss, dass ihm die Vorteile im Leben verloren gehen.

Gott gibt durch die Taufe seinen Geist in unser Herz und belebt uns dadurch von innen. Das wünschen sich die Eltern des Täuflings, dass sein Herz immer lebendig und warm bleibt. Dass es nie erkalten möge und nicht mehr fähig ist, mitzuleiden. Dass es nicht hart werden möge, weil die Anforderungen an ihn zu groß werden und er in Sorgen und Nöten unterzugehen droht.

Und sie erinnern sich heute an ihre eigene Taufe, an diesen furchtlosen Geist, der ihnen mit Kraft, Liebe und Besonnenheit helfen wird, die Kinder groß zu ziehen und schließlich in das eigene Leben gehen zu lassen.

U.

Ich bin on – Gott ist on

Das Vaterunser (Matt. 6,9ff und Luthers Lied EG 344) und die Zehn Gebote (2.Mose 20 und Luthers Lied EG 231) 18. Sonntag nach Trinitatis

Empfohlener Taufspruch: *Jesus spricht: „Bete zu deinem Vater, der im Verborgenen ist. Dein Vater, der auch das Verborgene sieht, wird es dir vergelten." (Matthäus 6,6b)*

Immer wieder hört man aus dem Zimmer der Kinder folgenden Satz: „Ich kann gerade nicht kommen, ich bin on!" Aha, denkt man sich, mein Kind ist on, es ist angeschaltet, es ist auf Sendung, es hat eine Verbindung ins Internet, es chattet gerade mit einem Freund oder Klassenkameraden. Da kommt man nicht dazwischen, da hat man gar nichts zu suchen, der Kontakt, das Gespräch im Netz muss erst noch beendet werden, bevor man mit ihm sprechen oder seine Wünsche an das Kind herantragen kann.

Unsere Kinder wachsen in eine moderne Welt hinein, in der das Gespräch miteinander völlig anders läuft als zu unserer Kinderzeit. Zugegeben, in meiner Jugend spielte das Telefon eine große Rolle und da kam dann meine Mutter nicht dazwischen. Das war unsere Art „on", also auf Sendung zu sein. Heute geht das nur über das Netz oder mit dem Handy. Kaum kommen die Kinder von der Schule, sind sie schon wieder „on" und tauschen Informationen miteinander aus oder stellen Informationen von sich ins Netz.

Ich bin on, dieser Satz hat mich daran erinnert, was wir heute Morgen im Gottesdienst machen. Wir gehen auf Sendung, suchen Verbindung, diesmal zu einem, dessen Adresse nirgendwo im Internet verzeichnet steht. Aber wie schafft man das, Verbindung zum Schöpfer zu bekommen? Welche Technik kann man nutzen, um dem Geheimnis des Lebens nahe zu kommen?

Was können wir da unseren Jugendlichen empfehlen, wie gelingt es uns selbst, on zu sein und uns dem Allmächtigen zu nähern?

Die Technik dazu ist uralt und nennt sich „beten". Aber wie geht das, wo ist der Einschaltknopf, wo der Bildschirm, auf dem wir eine Antwort bekommen? Wo der Hörer, in den wir sprechen? Nun, einige Hinweise haben wir vorhin schon in der Lesung aus Matthäus 6,5-8 gehört. Beten gelingt dann, wenn es im Geheimen geschieht, im Kämmerlein hinter verschlossener Türe. Da bist du on, da findest du Ruhe, da können sich die Gedanken einmal klären und von dir abfallen, bis du die Nähe Gottes spürst, bis du seinen Atem fühlst, der auch dein Atem ist.

Wer durch das Beten „on" ist, soll nicht plappern. Denn noch bevor ich spreche, weiß Gott längst, was mir auf dem Herzen liegt. Die Verbindung steht, ich darf sie nutzen und brauche keine Angst haben, dass andere sehen und hören können, was wir da besprechen, mein Gott und ich. „Aber wenn ihr unbedingt ein paar Worte braucht", sagt Jesus, „dann betet so, wie ich es euch lehre. Und so gab er uns die Worte des Vaterunsers mit. Sie sollen eine Standleitung zum Himmel sein, die mir hilft auf Sendung zu gehen, um mit dem zu sprechen, der mich von Tag zu Tag begleitet.

Martin Luther hat dieses Vaterunser als Lied umgedichtet.[128] Er wollte damit schon zur Reformationszeit den Menschen ein Netzwerk für die Verbindung nach oben bauen. Heute klingt seine Vertonung des Vaterunsers ein wenig altertümlich in unseren Ohren, aber sie gibt immer noch viele Hinweise, wie wir Verbindung zum Himmel bekommen.

Nur einige Hinweise möchte ich geben:

---

[128] Siehe das Lied EG 344 „Vater unser im Himmelreich" von M. Luther aus dem Jahr 1539

1. Gleich in der ersten Strophe betont Luther, dass wir Gott als Vater anrufen dürfen. Wir könnten natürlich auch Mutter sagen, denn es geht um eine enge Beziehung wie zu den Eltern.
   Das ist aber nicht selbstverständlich, den Allerhöchsten so anzureden. Das macht das Gespräch mit ihm sehr vertraut. Weil wir ihn alle Vater nennen können, sind wir untereinander verwandt, du und ich, quasi Geschwister[129]. Die Leitung zu diesem Gott, der wie Vater und Mutter ist, steht aber nur dann, wenn nicht nur der Mund betet, sondern auch das Herz[130] dabei ist. Will heißen, wenn ich wirklich eine Sehnsucht nach Gott habe und mit ihm reden will. Wer beim Beten nur gesehen werden will, dessen Gespräch kommt oben nie an.

2. Wenn ich bei Gott „on" bin, geht es nicht nur um ein paar Kleinigkeiten, um meine Wehwehchen. Die kennt der Ewige sowieso schon. Es geht vielmehr ums Ganze, um sein Reich. Das ist wie bei einem Internetspiel. Entweder gewinnen oder verlieren. Entweder den Heiligen Geist empfangen und damit den Zorn des Satansvertreiben oder doch an den Sorgen der Welt zerbrechen. Wer hier bei Gott „on" geht, spielt um das Ganze.[131]

3. Aber dann ist auch das täglich Brot dabei und was man sonst noch so braucht. Das wird im Gebet gar nicht vergessen. Schon damals hat Martin Luther diese Bitte so verstanden, dass er uns behüten möge vor Seuchen und vor teurer Zeit.[132] Das können wir heute noch genauso beten, wo die Wirtschaftskrise das Ersparte zu rauben droht und wir von einer Seuche zur nächsten gehetzt werden.

---

[129] Dazu heißt es in Strophe 1 von Lied EG 344: „Vater unser im Himmelreich, der du uns alle heißest gleich **Brüder** sein."

[130] EG 344,1: „Gib, dass nicht bet allein der Mund, hilf, dass es geh von Herzengrund."

[131] Siehe EG 344 die dritte Strophe!

[132] Siehe EG 344,5.

4. Beim Beten geht es um das Miteinander. Da ist das Internet nicht immer nur ein gutes Vorbild. Dort werden Menschen über Einträge auch gemobbt und fertig gemacht. Wer mit dem Himmel „on“ geht, wer über das Beten Verbindung mit dem Urgrund des Lebens aufnimmt, der bittet um Vergebung der Schuld bei sich und den anderen. Bei Luther hört sich das noch komisch an: „Zu dienen mach uns all bereit, in rechter Lieb und Einigkeit.“[133] Aber das meint nichts anderes, als den anderen auf den Netzseiten, in der Schule, am Arbeitsplatz nicht runter zu machen und ihm Böses nachzusagen.

5. Schließlich kommt nochmals das Ganze in den Blick, wenn Luther dichtet: *„Von allem Übel uns erlös, es sind die Zeit und Tage bös. Erlös uns von ewign Tod und tröst uns in der letzten Not.“*[134] Muss das denn sein, werden wir denken. Aber dann fallen uns viele Szenen ein, wo uns die Sprache weggeblieben ist, wo unser eigenes Lebenssystem abgestürzt war und alles nur noch übel schien. Wenn „on“ sein mit Gott bedeutet, dass ich ihn noch spüre, wenn es mir wirklich schlecht geht, dann hat sich das Beten doch gelohnt. Dann lass ich mich davon nicht ablenken, denn dieser Kontakt ist wirklich wichtig, da kann anderes ruhig mal warten.

Gott ist on – die Zehn Gebote

Haben wir eben viel über unsere Leitung zur Ewigkeit gesprochen und haben wir die Kinder getauft und damit in einen lebendigen Kontakt mit unserem Schöpfer und Erlöser gebracht, so singen wir gleich die zehn Gebote in der Übertragung von Martin Luther.[135] In diesen Geboten meldet sich nun Gott zu Wort, hier ist er „on“. Hier kann ich

[133] EG 344,5

[134] EG 344,8

[135] Siehe dazu EG 231 „Dies sind die heiligen Zehn Gebot“ von M. Luther aus dem Jahr 1524

ihn direkt vernehmen, hier weiß ich, was er von mir will. In den zehn Geboten steckt alles drin, was ein Mensch zum Leben braucht. Kurz gefasst könnten sie so lauten:

- Vertrauen ist die Lebensbasis. Aber vertraue Gott und bau dir keine eigenen Götter, denen du alles gibst, was du hast. So wirst du vom Leben nicht betrogen.
- Das fängt schon mit dem Sonntag an. Meinst du, der ist dazu da, um dich zu langweilen? Falsch geraten! Der Sonntag will dich schützen, deine Familie, deine Seele, deine Gesundheit. Deshalb sollst auch du den Sonntag schützen!
- Vater und Mutter sollst du ehren! Dass ich nicht lache, wirst du sagen. Wer hat denn heute noch Vater und Mutter, oft steht man ohne sie da oder hat gleich mehrere davon. Gut, aber auf die Beziehung kommt es trotzdem an, du brauchst gute Beziehungen, um zu leben. Das meint wohl dieses Gebot.
- Um gute Beziehungen geht es überhaupt in diesen Worten Gottes. Luther singt deshalb: *„Du sollst nicht töten zorniglich, nicht hassen oder rächen dich, Geduld haben und sanften Mut und auch dem Feind tun das Gut. Kyrieleis. Die Eh′ sollst du bewahren rein, dass auch dein Herz kein andern mein, und halten keusch das Leben dein mit Zucht und Mäßigkeit fein. Kyrieleis. Du sollst nicht stehlen Geld noch Gut, nicht wuchern jemands Schweiß und Blut, du sollst auftun dein milde Hand den Armen in deinem Land. Kyrieleis.“*[136]

Auf diese Weise ist Gott on, so mischt er sich bei uns ein, meldet sich zu Wort, stellt sich ins Netz. An uns liegt es nun, zu antworten, mit ihm ins Gespräch zu kommen, zu chatten, würden wir heute sagen. Denn dieses Gespräch mit dem Herrn der Gebote hält uns wach und gibt uns Kraft, da steckt viel Power drin, die wir brauchen. In diesem Gespräch mit Herrn des Lebens erreicht uns seine Liebe, die uns aufrecht gehen lässt. Wie gut, dass er immer wieder „on“ ist.

---

[136] EG 231, 6-8

V.

Bitte beachten sie die Packungsbeilage!

Jakobus 5,13-18 (19. Sonntag. nach Trinitatis)

Empfohlener Taufspruch: *„Bekennt einander eure Sünden und betet füreinander, dass ihr gesund werdet. Viel Kraft steckt im Gebet des Gerechten, wenn es mit Energie/innerer Beteiligung vorgebracht wird." (Jakobus 5,16)*

Wenn man mit kleinen Kindern heute unterwegs ist, hat man immer eine Ausstattung für den Notfall dabei. In der Regel passt alles ganz gut in eine Tasche. Da befindet sich ein Fläschchen mit Milch oder Saft, eine oder zwei Ersatzwindeln, ein paar Tücher zum Abwischen und ein Flasche Pflege-Öl zum Abputzen des wundgewordenen Po.

Dieses Pflege-Öl für Babys habe ich heute mitgebracht. Denn es soll bei unseren Taufen eine Rolle spielen.

Wer von den größeren Kindern traut sich einmal nach vorne zu mir zu kommen, damit ich ihm oder ihr ein bisschen von dem Pflege-Öl in die Hand geben kann? Verreibt einmal das Öl in euren Händen. Wie fühlt sich für euch das Öl an? Riecht bitte einmal daran. Sind da Duftstoffe im Öl, riechen die Babys hinterher viel besser?

Früher wurde solches Öl bei den Taufen verwendet. Die katholischen Glaubensgeschwister tun dies bis auf den heutigen Tag. Wenn sie Kinder taufen, dann machen sie mit dem heiligen Salböl ein Kreuz auf die Stirn der Täuflinge.

Darf ich auch bei euch einmal solch ein Kreuzzeichen auf die Stirn machen, oder mögt ihr das lieber nicht?

Das Kreuz mit dem Salböl soll das Zeichen dafür sein, dass viel Gutes im Leben des Kindes einziehen wird, dass Gottes Geist das Leben des Kindes begleiten soll. So wie das Öl außen die Haut pflegt und vor dem Wundwerden schützen kann, so soll innen der Geist Gottes die Seele pflegen und vor Wunden und Verletzungen schützen.

Von diesem Akt des Salbens mit Öl erzählt uns der Jakobusbrief. Ob der Apostel Jakobus dabei an die Taufe als die innere Salbung von uns Menschen gedacht hat, wissen wir nicht. Aber ihm war es wichtig zu sagen, dass die innere Beziehung des Menschen zu Gott und seinem Geist ihn an Leib und Seele gesund machen kann. Als Zeichen dafür sollten die Christen andere nicht nur mit der Hand berühren und segnen, sondern mit gutem, teurem Salböl einreiben.

Hören wir den Predigttext aus dem Jakobusbrief im 5. Kapitel

13 Ist jemand unter euch durch eine Notlage seelisch belastet[137]*, der bete (um Kraft); ist jemand guten Mutes, der stimme Psalmen (und Loblieder) an. 14 Ist jemand unter euch krank, der rufe*[138] *nach den Ältesten der Gemeinde, dass sie über ihm beten und ihn salben mit Öl in dem Namen des Herrn. 15 Und das Gebet des Glaubens wird dem Erkrankten retten, und der Herr wird ihn aufrichten; und wenn er Sünden begangen hat, wird ihm vergeben werden.*[139] *16 Bekennt also einander eure Sünden und betet füreinander, dass ihr gesund werdet.*

---

[137] Der Begriff „κακοπαθεω/kakopatheo“ hat die Bedeutung „von einem Übel betroffen zu sein“. Hier wird „weniger an die Notlage als solche zu denken sein als vielmehr an die seelische Belastung, die sie bringt und die zum Gebet treibt; dieses wird daher auch weniger Beseitigung der Notlage als Verleihung von Kraft erbitten.“ So THWNT, Bd.5, S.937

[138] Rienecker weist in seinem sprachlichen Schlüssel darauf hin, dass durch den Imperativ Aorist Medium von „προσκαλεω/proskaleo = herzurufen“ die Fürbitte die innere Beteiligung dessen voraussetzt, für den sie geschieht. A.a.O. S.570

[139] Die Einheitsübersetzung 1979 übersetzt hier „wenn er Sünden begangen hat, **werden sie** ihm vergeben werden.“ Doch im griechischen Text steht im zweiten Teilsatz kein Plural der Sünden, sondern es ist von der allgemeinen Sündenvergebung die Rede, der „Rettung“ aus dem Zusammenhang der Sünde, der krankmachend wirkt. Damit geht es nicht um das Auslöschen, um die Vergebung einer einzelnen falschen Tat, sondern um die Rettung des ganzen Menschen und seiner Seele. Daher nutzt der Autor in Vers 15 auch das Wort „σωζω/sozo=retten“.

Viel Kraft steckt im Gebet des Gerechten, wenn es mit Energie/innerer Beteiligung vorgebracht wird[140]*. 17 Elia war ein Mensch wie wir; und er betete ein Gebet, dass es nicht regnen sollte, und es regnete drei Jahre und sechs Monate nicht auf der Erde. 18 Und er betete abermals, und der Himmel gab den Regen und die Erde brachte ihre Frucht hervor.*

Hier gibt uns der Apostel Jakobus gute und hilfreiche Anweisungen für ein Leben als Christ in allen Lebenslagen. Es ist fast so, als würde er uns zur Taufe ein Töpfchen oder eine Flasche Salböl verkaufen und dabei sagen: Lesen sie unbedingt die Packungsbeilage und fragen sie ihren Arzt oder Apostel. Denn das Einsalben mit Öl hilft gut, wenn der Po wund ist oder wenn ein Kind gestürzt ist, ein älterer Mensch sich die Muskeln gezerrt hat und nicht mehr laufen kann.

Aber bei der Seele ist das anders. An die kommen wir von außen mit Hilfsmitteln nur sehr bedingt heran. Zur Seele gibt es eigentlich nur einen einzigen Weg von außen, und das ist der Zuspruch. Und deshalb fordert der Apostel uns in der Packungsbeilage des Salböls auf, das Gebet nicht zu vergessen. Wenn einer leidet, wenn einer Schmerzen hat, wenn einer sich ungerecht behandelt fühlt und keine Hilfe findet, dann ist immer noch der Weg zu Gott offen. Dann suche dir einen stillen Raum, falte deine Hände, zünde dir eine Kerze an und bete. Beten muss nicht ein Geplapper sein, das müssen gar nicht viele Worte sein, das kann viel mehr ein Lauschen sein, ein Hinhören auf den, der mir ein gutes Wort sagen will.

So wie wir heute in Gottes Namen ein gutes Wort zu den Täuflingen sprechen, ihren Taufspruch, damit ihre wunde Seele später gesalbt wird und wieder heilen kann. Worte wie folgende:

---

[140] Hier steht der Begriff "ενεργεω/energeo=wirksam machen". Martin Luther übersetzt diese Stelle: „Des Gerechten Gebet vermag viel, wenn es ernstlich ist." Rienecker vermerkt dazu, „dass der Erfolg der Bitte nicht mechanisch an sie gebunden sei und nicht in die Verfügung des Bittenden gelegt sei, sondern von dem abhänge, dessen Wirksamkeit die Bitte anruft." A.a.O. S.571

„Alle Dinge sind möglich, dem der da glaubt.“ (Markus 9,23) Das hat Jesus einem verzweifelten Vater gesagt, der schon gar nicht mehr an die Gesundung seines Kindes glauben konnte, das epileptische Anfälle hatte. „Alle Dinge sind möglich, dem, der da glaubt.“ Auch für dein Problem wird es einen Ausweg geben, verzweifele nicht. Wie gut tut solch ein Wort, wie wichtig ist solch ein Wort gerade für Eltern und ihre Sorgen um die Kinder.

Oder das Ende von Psalm 121, den wir zu Beginn des Gottesdienstes gelesen haben. Das ist auch solch ein Zuspruch, den wir brauchen, wenn wir leiden, den wir im stillen Gebet mit Gott erlauschen dürfen. Dort heißt es: *„Der Herr behüte dich vor allem Übel, er behüte deine Seele. Der Herr behüte deinen Ausgang und Eingang von nun an bis in Ewigkeit.“* Dieses Wort ist wie gemacht für den Beginn eines kleinen Lebens, wo man seine Wege noch nicht überblicken kann und doch weiß, dass Unfall und Gefahren überall lauern können. Mit diesem Zuspruch können wir später unsere Kinder auf die Straßen unserer Stadt schicken und vorher natürlich noch die Verkehrsregeln erklären, dann werden sie hoffentlich an Leib und Seele bewahrt werden.

Oder jenes bekannte Wort des Apostel Paulus, das auch als Lebensmaxime für die Seele gelten kann: *„Lass dich nicht vom Bösen überwinden, sondern überwinde das Böse mit Gutem.“* (Römerbrief 12,21)

Doch nicht nur an die Unglücks- und Wechselfälle des Lebens denkt unser Apostel in seinen Erklärungen der Packungsbeilage des Salböls. Oft genug geht es uns gut. Wir sind fröhlich und können lachen, das Leben hat es gut mit uns gemeint. Auch dann, sagt der Apostel vergiss das Gebet, die lebendige Beziehung zu Gott nicht, der dir das Gute schenkt. Denn das stärkt dein inneres Leben, das macht dich erst wirklich froh und glücklich, der Dank, den du an Gott zurückgeben kannst. Wenn dir dazu vor lauter Glück die Worte fehlen sollten, dann nimm einfach ganz alte Worte, die andere vor dir geschrieben haben, als sie überglücklich oder auch sehr traurig waren. Dann nehme man die Psalmen in der Mitte der Bibel, sie sind bis heute unübertroffen in ihrer Kraft, wenn es darum geht, eine innere Beziehung zu Gott aufzubauen. Apropos Kraft des Gebets, die macht der Apostel in seiner Packungsbeilage auch zum Thema. Luther hat das so übersetzt: *„Des Gerechten Gebet vermag viel, wenn es ernstlich ist.“* Man kann dieses „ernstlich“ aber auch gut mit „energiegeladen“ übersetzen.

Also, unser Beten füreinander,

- für unsere Kinder, die wir heute taufen und auf einen noch unbekannten Lebensweg schicken,
- für unsere großen Kinder, deren Schul- und Ausbildungswege wir begleiten,
- für unsere Eltern, die alt- und pflegebedürftig geworden sind,
- oder für einen Freund oder eine Freundin, die in Not geraten ist,

all diese Gebete bewirken etwas, wenn sie energiegeladen sind. Ein schneller Besuch der Kirche, ein rasches Falten der Hände, eine Taufe der Kinder hilft alles noch nicht, wenn nicht von innen heraus eine Energie kommt, die diese äußeren Handlungen füllt. Wo das Gebet voller Energie ist, da kann eine Menge passieren, sagt Jakobus und erwähnt gleich das bekannte Beispiel aus der Bibel von Elia, der durch sein Gebet es drei Jahre lang nicht regnen ließ und danach aber wieder den Regen erbeten hat, damit das Land seine Frucht bringen konnte. Wenn der schon um Regen und Sonne bitten konnte und es ihm gewährt wurde, um wie viel mehr sollten wir für unsere Angehörigen, für unsere Freunde, für unsere Mitchristen bitten, damit ihnen geholfen werde.

Daher macht Jakobus in seiner Packungsbeilage einen ganz konkreten Behandlungsvorschlag, wie man das Salböl einsetzen soll. Es nützt ja nichts, wenn man solche Mittel im Schrank stehen hat und nicht anwenden kann. Wenn jemand in der Gemeinde krank ist und vielleicht gar keine Kraft mehr hat, sich selbst im Gebet an Gott zu wenden, dann soll man die Ältesten der Gemeinde hinzu rufen, dass sie über ihm beten und ihn mit Salböl im Namen des Herrn salben. Die Wirkung dieser Handlungsanweisung wird nicht ausbleiben, denn das Gebet des Glaubens wird dem Kranken helfen. Gott selbst wird ihn aufrichten. Das, was ihn vielleicht innerlich bekümmert und krank gemacht hat, das, was ihn schon lange von Gott und seinen Mitmenschen trennt, das, was wir gemein hin immer als Sünde bezeichnen, das alles soll ihm vergeben werden.

Zugegeben, heute ist diese Handlungsanweisung für ein christliches Leben sehr aus der Mode gekommen. Wir rennen mit unseren Sorgen zum Arzt und Psychiater und hoffen, dass die die richtigen Salben und Worte für uns haben. Doch manchmal sind diese professionellen Helfer überlastet und können kaum noch mit der von Jakobus geforderten inneren Energie handeln, die zur Heilung nun einmal dazu gehört.

Vielleicht könnte es ein hilfreicher Weg sein, wenn wir uns als Gemeinde und als Christen untereinander das wieder mehr gegenseitig zutrauen. Füreinander zu beten, zum anderen zu gehen und sich die Sorgen anzuhören, die er hat. Nicht die Nase über den anderen zu rümpfen, weil er einen Fehltritt getan hat. Denn in der Regel bin ich selbst gar nicht besser. Sondern mit ihm nach einem Ausweg ringen, dass hieße heute einander die Sünden zu bekennen und füreinander zu beten, damit Gesundheit an Leib und Seele in unserem Leben Einzug halten kann.

Die Taufe soll für diese Möglichkeit der seelischen Entlastung und Gesundung ein lebenslanges Zeichen sein. Die Taufe, die davon spricht, dass wir in unserem Gewissen gewaschen werden, damit wir aussteigen können aus dem Treiben dieser Welt, aus der ewigen Jagd nach Geld, Ansehen und Ehre, die uns und andere kaputt machen. Damit wir einsteigen können in ein Leben, das diese innere Kraft verspürt, die immer wieder von Gott her zu uns dringen will, bis wir ihm dankbar ein Loblied singen und uns wieder gesund fühlen.

W.

Gut gerüstet fürs Leben

Epheser 6,10-17 (21. Sonntag nach Trinitatis)

Empfohlener Taufspruch: „*Werdet stark in dem Herrn und in der Kraft seiner Stärke!" (Epheser 6,10)*

Ein Schüler des Apostel Paulus ermutigt die Gemeinde in der großen Stadt Ephesus mit folgenden Worten:

„Übrigens: Werdet stark in dem Herrn und in der Kraft seiner Stärke. Zieht die volle Rüstung Gottes[141] *an, damit ihr der Schliche des Verleumders/Teufels*[142] *standhalten könnt. Denn wir führen keinen Ringkampf gegen (Menschen aus) Fleisch und Blut, sondern gegen (dämonische) Mächte*[143] *und Gewalten, gegen die Beherrscher dieser finsteren Welt*[144]*, gegen die Geister der Gemeinheit/Schlechtigkeit im himmlischen Bereich.*[145]

---

[141] „πανοπλια του θεου/panoplia tou theou" ist ein sogenannter Genitiv auctoris, „also: die Ganzrüstung, die Gott schenkt, von Gott kommt, die göttliche Ganzrüstung." Darauf weist Fritz Rienecker, a.a.O., S.455 hin.

[142] Hier steht das Wort „διαβολος/diabolos = Teufel" im Griechischen, so dass man von den „diabolischen Versuchungen" sprechen könnte, denen es gilt Widerstand zu leisten.

[143] Dass hier mit dem Begriff „αρχαι/archai" nicht nur weltliche Mächte gemeint sind, lässt sich nach Daniel 7 vermuten. Hier könnten überirdische, dämonische Wesen gemeint sein, deren Funktionen im Vergleich zu den Gewalten („εξουσιαι/exousiai") aber nicht völlig zu klären sind. Siehe dazu THWNT, Bd 1, a.a.O. S. 481.

[144] Wörtlich: Gegen die Weltherrscher dieser Finsternis („ προς τους κοσμοκρατορας του σκοτους τουτου/ pros tous kosmokratoras tou skotous toutou").

[145] Die Himmelswelt ist erfüllt gedacht mit „undurchsichtigen, unübersehbaren, unfaßbaren, überlegenen, anonymen, geistigen Potenzen, die diesen Raum beherrschen und ausmachen". Zitat nach H. Schlier in THWNT Bd. V, S. 540. Dort heißt es weiter: „Die Kirche, die Christen haben nun aber an dieser Herrschaft Christi über die Himmelswelt teil."

Legt darum die ganze Rüstung Gottes an[146]*, damit ihr Widerstand leisten könnt am bösen Tag und standhaft bleibt als solche, die alles überwunden haben.*[147]

Also bleibt standhaft! Eure Hüfte umgürtet mit der Wahrheit, zieht an den Brustpanzer der Gerechtigkeit, bindet euch (wie Schuhe)[148] *die Bereitschaft unter die Füße, die gute Botschaft/das Evangelium vom Frieden (mit Gott) weiterzutragen. Vor allem hebt vom Boden das Langschild des Glaubens auf, mit dem ihr alle glühend gemachten Geschosse des Bösen auslöschen könnt. Nehmt (zu eurer weiteren Verteidigung) auch den Helm des Heils und das Schwert des Geistes, welches ist das Wort Gottes, hinzu."*

Gut gerüstet ins Leben gehen, darum sorgen sich die Eltern für ihre Kinder von Beginn an. Natürlich steht da zuerst die äußere Ausstattung im Vordergrund, der Kinderwagen, das Bettchen, die ersten Kleider, die Schuhe, das erste Spielzeug. Dass man hier schon sehr wachsam sein muss, zeigen die Nachrichten von diesem Wochenende, die im Spielzeug bis hin zum Kinderwagen hohe Konzentrationen von schädlichen Stoffen gemeldet haben.

Aber nicht nur das äußere Umfeld muss stimmen, damit Kinder wohlbehütet und gut ausgerüstet ins Leben starten können. Auch der Kontakt zum Kind ist wichtig, die Zeit, die man mit ihm verbringt, die Zuwendung, das Gespräch, das Spiel, schließlich die Liebe. Das alles ist wie ein Schutzpanzer, der ein kleines Wesen vor der noch rauen Umwelt schützt und ihm genügend Widerstandskraft für sein Leben mitgeben wird. Später kommen andere Dinge hinzu, die eine gute

---

[146] Wörtlich steht dort „αναλαβετε/analabete", was so viel wie „aufnehmen" heißt. Es soll das aufgenommen werden, was noch nutzlos am Boden herumliegt, damit es zur eigenen Verteidigung dienen kann.

[147] Hier benutzt der Briefschreiber mit den Worten „στηναι/stänai=standhalten" und „κατεργασαμενοι/katergasamenoi= Partizip Aorist von überwältigen, besiegen" Fachausdrücke aus der Militärsprache.

[148] Luther übersetzt bekanntermaßen hier sehr bildreich: „und an den Beinen gestiefelt".

Ausrüstung für das Leben komplettieren. Das wird ein guter Kindergarten und ein guter Umgang mit der Zeit des Kindes in sportlichen oder musischen Hobbys sein.

Die großen modernen Mythen unserer Tage wie die Trilogie „Herr der Ringe“ oder die Bücher über den Zauberlehrling Harry Potter erzählen unseren Kindern, wie wichtig solche Ausrüstung für den Kampf im Leben ist. Im Herr der Ringe erfahren sie, dass man gegen die Macht des Bösen nicht nur mit einem guten Schwert und großem Heer kämpfen kann, sondern viele Freunde braucht, z.B. die Lichtgestalten der Elben, um zum Sieg über das Böse zu gelangen. Zudem werden selbst die Kleinen benötigt, die Hobbits, die mit ungeheurer Ausdauer sich durchkämpfen und den Ring der Macht vernichten.

In den Büchern von Harry Potter hilft den drei Freunden Harry, Ron und Hermine eine gute Ausbildung in mancherlei Zauberfächern, indem sie zum Beispiel einen „Patronus-Zauber“ gegen die vernichtende Macht der sogenannten Dementoren heraufbeschwören können und damit das Böse besiegen. Aber hier ist es schließlich die Liebe der Mutter zu ihrem Kind, die wie ein schützender Panzer wirkt, und dadurch die Hauptfigur, den jungen Harry Potter, am Leben erhält.

Kein Wunder also, dass uns schon ein Schüler des Apostel Paulus auf diese Bildwelt der Rüstung hinweist. Er malt sich das Leben nicht einfach schön, er geht nicht einfach über die Probleme seiner Zeit hinweg. Dann würde der sogenannte „böse Tag“ ihn plötzlich mit ungeminderter Wucht einholen und übermannen. Er will der Wirklichkeit vielmehr ungeschminkt ins Auge sehen, und diese Wirklichkeit ist für ihn durchaus teuflisch verstrickt. Da gibt es nicht nur giftige chemische Beimischungen in schön aussehenden Spielzeugen, die das Leben der Kinder bedrohen. Da ist man vielmehr großen Strukturen ausgesetzt, gegen die man ganz und gar wehrlos zu sein scheint. Er nennt diese Strukturen dämonische Mächte und Gewalten, die nicht wie Menschen Fleisch und Blut haben.

Er spricht von bösartigen Geistwesen in der unsichtbaren Welt und beschreibt in der damaligen Sprache die Komplexität einer Welt, der wir uns ausgeliefert fühlen. Heute sind es die weltweit umher wabernden Finanzströme, die unsichtbar wie böse Geister den nationalen Wirtschaften den Garaus machen können. Heute ist es die von Menschenhand entfesselte Atomkraft, die längst unser Wissen und Können überfordert, weil wir keinen Platz für den Müll haben und die Atomkraft in Form von tausenden von Sprengköpfen immer noch die ganze Menschheit bedroht. Heute ist es der enorme Energieverbrauch der großen Industrienationen, der immer wieder böse Tage für bestimmte Regionen hervorruft. Die Ölkatastrophe im Golf von Mexiko war in diesem Jahr nur ein Beispiel dafür.

Wie soll man sich und sein Kind gegen diese Gefahren schützen? Sind wir nicht einfach diesen Entwicklungen ausgeliefert? Überfällt uns das nicht wie böse Geister, deren wir nicht mehr Herr werden?

Die Antwort auf diese Fragen ist nicht leicht zu finden. Ohne Kampf, ohne Ringen werden wir diese Herausforderungen kaum bestehen, erzählen uns die modernen Mythen und Märchen in Buch und in Film-Form. Ohne eine passende Rüstung wird man dem Bösen im Leben nicht wiederstehen können, sagt auch der Schüler des bedeutenden Apostel Paulus. Deshalb weist er neben aller notwendigen äußeren Ausrüstung für das Leben auf die innere Stärkung des Daseins hin. Die, so sagt er, findet ihr nur bei dem Schöpfer des Leben selbst.

„*Daher werdet stark in dem Herrn und in der Kraft seiner Stärke. Zieht die volle Rüstung Gottes an!*“ Worin besteht diese Rüstung, werden sie fragen. Nun, der Briefschreiber hat einen römischen Soldaten vor Augen und benutzt seine Ausrüstungsgegenstände, um die geistliche Rüstung für das Leben zu klären.

Er betont zunächst den **Hüftgürtel**, der notwendig ist, um das Tuch der Kleidung zusammen zu halten und die Lenden von Schlägen zu schützen. Solch ein Hüftgürtel ist für ihn die ***Wahrheit***, die gegen die Lüge schützt und streitet. Die Wahrheit, die manchmal sehr schmerzt, wenn man ihr ins Auge schaut. Aber die zugleich befreit. Denn nur wenn wir die Gefahren erkennen, die auf uns lauern, können wir sie in Zukunft wirksam bekämpfen. Solch ein Kassensturz ist die Voraussetzung für neue Wege in eine bessere Zukunft. Die Bibel nennt das Buße, sie fordert zur gesunden Umkehr auf. „Stopp!" ruft die Bibel uns zu. Haltet an, wo ihr auf einem sichtbar falschen Weg geht. Dreht um, denkt um, das gibt euch und euren Kindern Perspektiven.

Dann soll man den **Brustpanzer** anlegen. Er schützt beim römischen Soldaten die inneren Organe, das Lebenszentrum. Wer hier verletzt wird, kann schnell verbluten. Motorradfahrer unter uns wissen, wovon ich rede. Bei den hohen Geschwindigkeiten auf der Straße hilft nur eine gute Jacke gegen eventuelle Schäden bei Unfällen. Für den Briefeschreiber ist dieser Brustpanzer die ***Gerechtigkeit***. Die Gerechtigkeit hält eine Gesellschaft am Leben, Korruption hingegen zerstört sie. Jährlich werden mehrere hundert Milliarden Euro in Deutschland am Staat vorbeigeschoben. So kann keine Gerechtigkeit geschehen und der böse Tag zieht herauf. Doch Gerechtigkeit meint noch viel mehr. Sie ist nicht nur das gerechte Tun, was die Verteilungschancen erhöht. In der Bibel ist Gerechtigkeit immer zuerst das wohlwollende Tun Gottes an uns. Gott rückt uns ins Recht, er hält zu uns, er spricht uns grundsätzlich das Daseinsrecht zu, kurz gesagt: Er hat uns lieb. Wer das erfährt, wer das spürt, diese grundsätzliche Annahme, der hat einen guten Brustpanzer angelegt, dessen innere Organe sind ausreichend geschützt.

Doch ohne **Schuhe** geht es auch nicht, meint der Schüler des Paulus. Dafür ist das Leben zu holprig, liegen zu viele Steine im Weg. Mal ist es eine Krankheit, die uns drückt, mal ist es ein beruflicher Misserfolg, der uns schmerzt. Mal ist die ganze Welt in Aufruhr und es herrscht Krieg, ein Vorankommen ist kaum noch möglich. Eine schlechte Botschaft jagt die andere. Wie wichtig bleibt da die ***Botschaft des Friedens mit Gott***, die durch Jesus in diese unfriedliche

Welt gesetzt wurde. Ohne sie findet der Mensch wenig Halt. Mit ihr kann er selbst auf steinigen Pfaden seinen Weg fortsetzen, weil der Zuspruch des inneren Friedens ihn vor äußeren Verletzungen schützt.

Nun wendet sich der Schreiber des Briefes noch dem Schutz des ganzen Körpers durch einen **Großschild** sowie durch einen **Helm auf dem Kopf** zu. Ohne ihn wären die römischen Soldaten in der Schlacht bald verloren gewesen. Ohne solch einen sprichwörtlichen Schild des ***Glaubens*** und Helm des ***Heils*** würden auch die Christen nicht bestehen, meint der Autor des Epheserbriefes.

Dass es solch ein schützendes Schild und bewahrenden Helm wirklich gibt, davon erzählen uns junge Straftäter aus der Jugendstrafanstalt in Neustrelitz[149]. Sie sollen nach schweren Straftaten dennoch die Möglichkeit erhalten, wieder in die Gesellschaft zurück zu kehren. So können sie dort ihren Haupt- und Realschulabschluss nachholen und zwischen 23 Berufsausbildungen wählen. Dazu kommen Sport und Theatergruppen, Anti-Aggressionstrainings, Psychotherapie und sozialpädagogische Angebote. Eine ausreichende Hilfestellung für junge Menschen in Problemlagen möchte man meinen. Dennoch kommt für diese jugendlichen Straftäter in Neustrelitz eine Komponente dazu. 60 bis 70 von 200 Jugendlichen besuchen dort wöchentlich den ökumenischen Gottesdienst und singen im Chor mit.

„Es gebe ein großes Bedürfnis nach guten Worten und bedingungsloser Annahme“, sagt der dort tätige Franziskanermönch Bruder Martin. Und der evangelische Seelsorger Matthias Vogel fasst seine Hauptbeschäftigung mit den Jugendlichen in drei Worten zusammen und sagt: „Reden, reden, reden!“ Im vergangenen Jahr gab es die ersten fünf Taufen im Gefängnis, dieses Jahr haben sich zehn Bewerber für den Tauf-Kurs angemeldet. „Der Glaube mache ihn stark“, hat einer der Bewerber gesagt. Er hat etwas von diesem Schild des Glaubens gespürt, mit dem er selbst feurige Pfeile auslöschen und sich als ganze Person schützen kann.

---

[149] Siehe dazu www.justiz-in-mv.de/jantz

Schließlich geht es bei der Ausrüstung für das Leben nicht nur um einen guten Schutz. Zuletzt geht es unserem Briefeschreiber um den offenen Kampf, den jeder Christ mit den Problemen aufnehmen muss. Zum Kämpfen braucht man eine Waffe. Und so empfiehlt er, wie beim römischen Soldaten das **Schwert** zu ziehen und sich aktiv zu verteidigen. Dieses Schwert sieht er im ***Wort Gottes***, das ihn nun gerade nicht zu einem fanatischen Gotteskämpfer macht, der sich irgendwann selbst in die Luft sprengt. Sondern dieses Wort Gottes macht ihn innerlich stark, wenn er hört, dass denen das Himmelreich gehören soll, die eigentlich eine kleine Kraft haben und keine Leistung vor Gott vorweisen können. Dieses Wort Gottes gibt Widerstandskraft, damit man das Böse nicht mit Bösem beantworten muss, sondern hinter dem Bösen noch die Angst des anderen sieht, mit der er sich selbst quält. So ausgerüstet, kann man das Leben gut bestehen.

X.

Jedes Kind braucht einen Engel

Symbolpredigt (Oder: 1Kor.13,4-8a)
Estomihi – Sonntag vor der Passionszeit

„Jedes Kind braucht einen Engel", dieses Lied von Klaus Hofmann haben wir soeben vernommen. Einen Begleiter braucht jedes Kind, der es schützt und der es hält, der es auffängt, wenn es fällt. Solche Engel sind heute eine ganze Reihe unter uns. Es sind die Paten und Patinnen unserer Taufkinder. Ich möchte sie einmal bitten, zu mir nach vorne zu kommen, damit wir als Gemeinde diese Engelsgestalten unter uns genau betrachten können. Haben sie Mut und kommen sie als Patinnen und Paten zu mir.

So sehen richtige Engel aus, die sich bereit erklärt haben, das Leben der Kinder zu begleiten und zu schützen. Vom Aussehen her sind das ganz unterschiedliche Engel. Aber allen fehlen die deutlichen Kennzeichen der Engel, die Flügel, die sie als himmlische Wesen, als

Gesandte Gottes kennzeichnen. Doch müssen Engel unbedingt Flügel haben? Rudolf Otto Wiemer hat das in seinem bekannten Gedicht über die Engel verneint, als er geschrieben hat:

Es müssen nicht Männer mit Flügeln sein,
die Engel.
Sie gehen leise, sie müssen nicht schrein,
oft sind sie alt und hässlich und klein,
die Engel.

Sie haben kein Schwert, kein weißes Gewand,
die Engel.
Vielleicht ist einer, der gibt dir die Hand,
oder er wohnt neben dir, Wand an Wand,
der Engel.

Dem Hungernden hat er das Brot gebracht,
der Engel.
Dem Kranken hat er das Bett gemacht,
und er hört, wenn du ihn rufst, in der Nacht,
der Engel.[150]

Unsere Paten und Patinnen brauchen keine sichtbaren Flügel, um als Engel erkannt zu werden. Man erkennt sie an ihrem Tun. Sie halten einem Kind die Treue, bis es erwachsen geworden ist und reichen ihm selbst in schweren Situationen die Hand. So etwas macht ein Engel. Sie setzen sich schon mal an das Krankenbett und lesen dem Patenkind vor, vielleicht sogar aus einer schönen, bunten Kinderbibel, in der all die spannenden Geschichten stehen, wie Jesus die Menschen in Gottes Namen wieder gesund machen konnte. Diese Paten-Engel, wie sie heute bei uns sind, kann man anrufen, sagt Rudolf Otto Wiemer. Heute besitzen sie in der Regel ein I-Phone und sind über Whats-App erreichbar.

---

[150] Rudolf Otto Wiemer, Es müssen nicht Männer mit Flügeln sein. Geschichten und Gedichte zur Weihnachtszeit Quell Verlag, Stuttgart 1986, (c) Rudolf Otto Wiemer

In den Niederlanden sorgt seit einigen Jahren eine Statue für Aufsehen: Unter einer Handy-Nummer kann man dort wirklich einen Engel anrufen, der die Kathedrale von 'S-Hertogenbosch ziert. Die Antwort ist garantiert. Wenn man anruft, meldet sich eine freundliche Frauenstimme: "Sie sprechen mit einem Engel." Inzwischen melden sich etwa 30 Leute täglich, kleine Kinder, alte Menschen, die sich einsam fühlen. Darunter sind rührende Anrufe wie der eines kleinen Mädchens, das zum ersten Mal Weihnachten ohne die kurz zuvor verstorbene Großmutter feiern musste. Es ist also wichtig, die Leitung für sein Patenkind offen zu halten und anrufbar zu sein.

Unsere flügellosen Engel sind als Paten und Patinnen aber nicht nur nett und bequem. Manchmal stehen sie im Weg, wie es Rudolf Otto Wiemer zum Schluss in seinem Engelsgedicht sagt:

Er steht im Weg und er sagt: Nein,
der Engel.
Groß wie ein Pfahl und hart wie ein Stein
es müssen nicht Männer mit Flügeln sein,
die Engel.

Die „Paten-Engel“ machen nicht alles mit, was das Patenkind will, sie weisen ihm den rechten Weg, fühlen sich dabei wie ein „harter Stein“ an. Doch immer sollen die Engel der Taufkinder darauf achten, dass Erwachsene die Träume der Kinder nicht einsperren, damit die Zukunft, unser aller Zukunft nicht stirbt. Die Engel der Taufkinder sollen darauf achten, dass die Augen der Kleinen nicht trübe gemacht werden durch Gewalt oder dadurch, dass man ihnen statt guter Worte nur materielle Geschenke reicht und die Seele damit befrieden will.

Es ist eine anspruchsvolle Aufgabe, die an die Paten und Patinnen gestellt wird: Mit den Kindern sollen sie das Leben neu sehen, mit ihnen sollen sie neu Erfahrungen machen, wie man sie macht, wenn man einen steilen Bergbach hochklettert. Die Paten sollen sich von den Kindern ergreifen lassen, so dass ihr Herz tief angerührt wird und der Himmel uns im Lachen und Weinen der Kinder näher kommt.

Jedes Kind braucht einen Engel. Eine frühere Grundschullehrerin unserer Stadt hat auf ihre Weise diesen Engel zu malen versucht. Das Bild ist von strahlenden Farben, besonders von Rottönen bestimmt, der Farbe der Liebe, der Farbe des Geistes, die Farbe der glühenden Kraft. Deshalb hat sie ihr Bild „Engel der Liebe“ getauft. Es zeigt eine Figur in weitem Gewand, die schützend und umarmend eine kleinere Figur in sich und bei sich aufnimmt. Es erinnert ein wenig an die vielen Darstellungen von Maria mit dem kleinen Jesuskind, an die Aufgabe der „Gottesmutter“, den Gottessohn zu schützen, damit er sein Werk auf der Erde vollbringen kann. Es erinnert an die vielen Mütter, die unterwegs sind und oft nichts haben als die Kleider am Leib und die ihre Kinder in den Schutz nehmen wollen, damit ihnen nichts Böses geschieht.

Große Kraft geht von diesem Schutzengel der Liebe aus und wir hören die Worte des Apostel Paulus, die er über diese Gotteskraft der Liebe im ersten Korintherbrief gefunden hat, wenn er dort schreibt:

„Der Liebe geht der Atem nicht aus und sie hat Zeit[151]*, sie ist nicht von Neid erfüllt, sie gibt nicht maßlos an, sie bläst sich nicht auf wie ein Luftballon, der zu platzen droht*[152]*. Achtsamkeit ist ihr ganz wichtig, reinen Egoismus verabscheut sie*[153]*. Sie lässt sich nicht zum Zorn reizen und trägt das Böse nicht nach.*

---

[151] Das Wort „χρηστευομαι/chrästeuomai“ meint, dass die Liebe sich gütig und freundlich erweist. Bei Kindern bedeutet das konkret, dass man Zeit für sie hat. Daher meine Übersetzung „die Liebe hat Zeit“.

[152] Das Wort „φυσιοω/physioo“ meint in der passiven Form das „hochmütig Werden, sich Aufblasen“. Siehe Bauer, a.a.O. Sp.1719. Das kann man Kindern gut an einem Luftballon verdeutlichen, der bei zu viel Luft zerplatzt.

[153] Das Wort „ασξ×χημονεω/aschämoneo“ bedeutet „unschicklich handeln, die Sitte verletzen“. Da in der Erziehung der Kindergärten heute die „Achtsamkeit“ eine führende Rolle in der Pädagogik spielt, habe ich dieses moderne Wort in die Übersetzung eingetragen.

Im Fall von Unrecht freut sich diese Liebe nicht, vielmehr freut sie sich mit anderen an der Wahrheit. Diese Liebe kann (wie ein starker Balken) alles aushalten, das schafft Vertrauen[154]. *Das Wort „Hoffnung" wird bei der Liebe großgeschrieben, Ausdauer ist kein Fremdwort für sie. Hinfallen und liegenbleiben ist nicht ihre Art."*

Soweit die Worte des Apostel Paulus über die Liebe. Unsere Künstlerin hat diese vielen Facetten der Liebe wie Flammen dargestellt, die das Gewand des Engels durchwirken. Auch der Engel der Liebe in unserer Stadtkirche von Christian-Daniel Rauch trägt solche Liebesflammen in einer Schale vor sich her und erinnert damit an die Kraft der Liebe, die laut Paulus alles aushält und Vertrauen schafft, die das Wort „Hoffnung" groß schreibt und von Ausdauer geprägt ist.

Einen solchen flügellosen Engel, den jedes Kind braucht, ist unsere Vorleseoma in unserer Kindertagesstätte. Seit ihre eigenen Kinder groß geworden sind und aus dem Haus gingen, kehrte sie in ihren Kindergarten zurück, wo ihre Kinder behütet aufwuchsen. Dort bringt sie sich nun einmal pro Woche ein, setzt sich mit den Kleinen in eine stille Ecke, liest vor oder schaut mit ihnen Bilderbücher an. Die Kinder lieben diesen altgewordenen Engel, dessen Flügel sicherlich im langen Leben schon manche Federn haben lassen müssen.

Für den anderen ein Engel sein zu dürfen, ein Botschafter von Gottes Liebe, dazu sind wir alle berufen, die wir getauft sind. Dazu sind in besonderer Weise die Paten und Patinnen berufen, die zusammen mit den Eltern die Kinder ins Leben einführen wollen.

---

[154] Hier steht das Wort „πιστευω/pisteuo" heißt in Verbindung mit dem Akkusativ der Sache: „an etwas glauben, sich von etwas überzeugen". Siehe Bauer,a.a.O. Sp.1309 1aα. "An alles zu glauben" kann aber nicht Naivität meinen, sondern hat für mich mit Schaffung einer Vertrauensbasis zu tun, die für Kinder besonders wichtig ist.

Y.

Der Fisch – ein Erkennungszeichen für Christen

Symbolpredigt – einsetzbar an jedem Sonntag im Kirchenjahr

Oder: Lukas 5,1-11 (5. Sonntag nach Trinitatis)

Empfohlener Taufspruch: *Der Apostel Petrus sagt über Jesus: „ Und in keinem anderen liegt die Rettung begründet[155], auch ist den Menschen unter dem Himmel kein anderer Name gegeben worden, durch den wir gerettet werden sollen.[156] " (Apostelgeschichte 4,12)*

(Anspiel mit einer Pfarrer-Handpuppe)

Guten Tag, Herr Pfarrer Fröhlich, ich darf sie in unserem Gottesdient willkommen heißen. Heute haben wir einen besonderen Tag. Wir erinnern uns gemeinsam mit den Kindern von KU-3[157] an die eigene Taufe. Wir denken dabei über die Zeichen nach, die die Taufe und das Christsein verdeutlichen sollen.

Fröhlich: Fisch!!!!!!!!

Sprecher: Wie bitte, was haben sie gesagt?

Fröhlich: Fisch, …… Fisch habe ich gesagt?

Sprecher: Fisch, was meinen sie denn damit, denken sie etwa während des Gottesdienstes schon an das Mittagessen? Gibt es bei ihnen heute zuhause Fisch?

---

[155] Hier ist das Wort „σωτηρια/sotäria" verwendet worden, das dem Wort „Retter=Sotär/ σωτηρ" entspricht. Daher habe ich es mit „Rettung" übersetzt, auch wenn die Lutherbibel und die Einheitsübersetzung es berechtigter Weise mit „Heil" übersetzen. Dem stimmt auch Bauer zu, der sagt, dass Sotäria überwiegend das Heil bedeutet, das die wahre Religion bringt. (a.a.O. Sp.1586) In seiner Grundbedeutung aber heißt es ganz praktisch „die Bewahrung in Gefahr oder die Errettung aus Todesnot".

[156] Luther übersetzt hier „durch den wir sollen selig werden".

[157] Konfirmandenunterricht mit Kindern aus der 3. Klasse der Grundschule

Fröhlich: Papperlapapp, der Fisch ist ein Zeichen für die Christen, davon haben sie doch gesprochen.

Sprecher: Der Fisch als Zeichen für die Christen?! Sie meinen, weil die ersten Jünger auf Jesu Anweisung hin so viel Fische gefangen haben. Meinen sie das?

Fröhlich: Auch, aber Fische sehe ich überall als Christen-Zeichen.

Sprecher: Wo denn, bitteschön? Hier in der Kirche sehe ich keinen Fisch. Hier sehe ich ein Kreuz auf dem Altar, hier sehe ich hoch oben an der Decke eine Taube als Zeichen für Gottes Geist. Hier sehe ich die drei Engel des Arolser Bildhauers Christian Daniel Rauch als Zeichen für die christlichen Tugenden Glaube, Hoffnung und die Liebe. Aber einen Fisch, Herr Fröhlich, kann ich nirgends erkennen.

Fröhlich: Am Auto!

Sprecher: Wie ....am Auto, was meinen sie?

Fröhlich: Am Auto siehst du heute oft den Fisch als Zeichen für die Christen. Einfach auf die Heckklappe aufgeklebt. Und jeder weiß. Der Autofahrer ist ein Christ.

Sprecher: Haben sie auch so einen Fisch am Auto?

Fröhlich: Nein, ich fahre kein Auto, ich laufe. Aber ich habe solche Fische auf dem Kugelschreiber und der Kaffeetasse, auf meiner Brot-Dose und dem Schlüsselanhänger. Es gibt sie überall, diese Fische.

Sprecher: Ja, wissen denn die Leute, was dieser Fisch als christliches Zeichen bedeuten soll? Denken die alle an den Fischzug des Petrus und daran, dass Jesus uns zu Menschenfischern machen will?

Fröhlich: Mag sein. Früher, ganz früher, ich meine vor vielen hundert Jahren, da war der Fisch ein geheimes Zeichen für die Christen. Da waren sie sehr verfolgt und man durfte nicht offen sagen, dass man Christ ist. Der Fisch hat ihnen geholfen.

Sprecher: Wie haben die das denn gemacht?

Fröhlich: Na, der eine hat mit seinem Finger einen Bogen in den Sand gemalt. Und der Gesprächspartner hat dann von unten einen Bogen dagegen gemalt. Fertig war der Fisch. Und man wusste, der andere gehört zu mir, der ist auch ein Christ, dem kann ich vertrauen.

Sprecher: Aber warum denn den Fisch? Eine Taube als Zeichen oder der Regenbogen wäre doch auch schön gewesen.

Fröhlich: Der Fisch war aber besser. Denn in der griechischen Sprache war er zugleich ein Bekenntnis zu Christus.

Sprecher: Wie bitte?

Fröhlich: Fisch, das heißt auf Griechisch: Ichtys. Und wenn sie mit jedem einzelnen Buchstaben ein bestimmtes griechisches Wort verbinden, dann kommt folgender Satz raus: *Jesus ist der, den Gott uns gesandt hat. Er ist Gottes Sohn, unser Retter und Erlöser.*

Sprecher: Wau!!!! Das steckt alles in dem kleinen Wort Fisch, auf Griechisch „Ichtys", drin. Ich bin beeindruckt. Stimmt, den Petrus und Johannes und Jakobus hat Jesus in unserer Geschichte auch gerettet. Die hatten keinen Fisch gefangen und waren leer ausgegangen. Und auf einmal waren die Netze voll. Da war der Tag gerettet.

Fröhlich: Und die Seele.

Sprecher: Was heißt: Und die Seele?

Fröhlich: Na, die Seele war gerettet. Haben sie nicht vorhin in der Geschichte gehört, wie Petrus durch den großen Fischfang erschrocken war. Der spürte, dass Jesus von Gott kam und mit göttlicher Kraft wirkte. Der fühlte sich richtig schlecht, weil er andere geärgert hatte und übers Ohr gehauen hatte. „Jesus, geh weg von mir, ich bin ein sündiger Mensch.", hat Petrus gesagt. Da hat er die Seele von Petrus gerettet und nicht nur die Tageseinnahmen.

Sprecher: Stimmt, so habe ich das noch gar nicht gesehen. Jesus will den Leuten nicht zu besseren Geschäften verhelfen, damit noch mehr Geld in der Kasse klingelt. Er will den Weg zum Glück frei räumen, er will, dass die Leute zu Gott finden. Er will sie vom Bösen retten.

Fröhlich: Sag ich doch! Fisch ist ein gutes Zeichen. Sie müssen mal draußen aufpassen, ob sie es an Auto sehen.

Sprecher: Meinen sie, da sitzen lauter Gerettete in den Autos?

Fröhlich: Ich hoffe es. Menschen, deren Seele gerettet wurde, die zu Gott gehören wollen, die getauft sind.

Sprecher: Gerettete Fische, nein, Entschuldigung, gerettete Menschen und ihr Zeichen ist der Fisch, ein geheimes Zeichen, mit dem sie sich erkennen. Das erinnert mich an einen, der diese Rettung ganz hautnah erfahren hat. Darf ich noch kurz von dem erzählen, Herr Fröhlich?

Fröhlich: Bitteschön, ich höre gerne zu!

Sprecher: Also, liebe Gemeinde, ich möchte ihnen gerne von einem Menschen erzählen, den Gott wirklich in letzter Sekunde gerettet hat und der das später allen weitererzählen konnte. Es handelt sich um den bekannten Musiker und Komponisten und Blockflötenspieler Hans-Jürgen Hufeisen.[158] Er hat wunderbare meditative Musik geschrieben, die in vielen Kreisen und auf Kirchentagen gehört wird. Klar, er hat auch Musik studiert, aber am Anfang seines Lebens stand vor allem die Erfahrung: Ich bin gerettet worden. Gott ist mein Retter.

Warum? Ganz einfach! Als ihn im Februar 1954 seine Mutter in einem kleinen Gasthaus im Dörfchen Anrath in der Nähe der holländischen Grenze zur Welt brachte, ließ sie den kleinen neu-

---

[158] Zur Biographie von Hans-Jörg Hufeisen siehe z.B. unter der Adresse: www.hufeisen.com/Der-Kuenstler/Biografie-und-Musik-50260.html.
Siehe auch das Zeitgespräch „Hans-Jürgen Hufeisen bei Menschen und Themen, unter der Internetadresse: www.swp.de/reutlingen/lokales/reutlingen/den-wind-und-die-voegel...

geborenen Jungen dort im kalten Zimmer einfach unter einer Decke liegen und verschwand. Unglaublich!

Hans-Jürgen Hufeisen hat seine Mutter erst fünfundzwanzig Jahre später wiedergesehen, da hatte er schon seine erste Schallplatte herausgebracht. Er wollte gerne wissen, warum seine Mutter ihn dort im Gasthaus unter der Decke hatte liegen lassen, aber seine Mutter konnte ihm keine Antwort darauf geben. Das hat ihn sehr traurig und wütend gemacht. Ich denke, die Mutter schämte sich für ihr Tun, sie war damals vielleicht in großer Not und dachte, niemand will mein Kind haben, ich kann es nicht großziehen. Und so ließ sie es einfach liegen. Zwei Tage hat Hans-Jürgen Hufeisen unter der Decke im kalten Gasthauszimmer gelegen, bis er endlich vom Wirt entdeckt wurde. Später hat er viele Jahre dunkle Träume gehabt, immer nur Schwarz gesehen, bis er verstand, dass diese Dunkelheit die Decke war, die am Beginn seines Lebens über ihn gedeckt war und die nötige Wärme gab. So nannte er diese Dunkelheit seinen „dunklen Engel“, der ihn bis heute begleitet.

Aber dann fand ihn der Gastwirt und trug ihn durch die Türe in das grelle Licht des Tages. Obwohl Hans-Jürgen Hufeisen nur zwei Tage alt war, kann er sich bis heute an dieses Lichterlebnis erinnern. Er nannte es den Engel des Lichts in seinem Leben. Er war gerettet und kam in ein Kinderheim, Gott hatte ihn nicht vergessen, Jesus wurde für ihn buchstäblich zum Lebensretter in der Form des Gastwirtes. Aber nicht nur der war wichtig.

Später waren für ihn die Schwestern einer christlichen Erziehungsstätte wichtig, wo er als Kind aufwachsen konnte und sich vom ersten Tage an angenommen fühlte. Diese Schwestern, damals noch mit weißen Häubchen auf dem Kopf, verband das geheime Zeichen der Christen, der Fisch. Sie glaubten alle daran, dass Gott uns nicht vergisst, sondern extra seinen Sohn auf die Erde gesandt hat, damit er suchen und retten sollte, was verloren war. Und dazu gehörte nun mal der kleine Hans-Jürgen Hufeisen.

Schließlich erkannten die Schwestern, dass Hans-Jürgen als Baby Schlimmes erlebt haben musste und dass seine Seele einen Ausgleich brauchte. Musik spielte im Kinderheim eine große Rolle. Deshalb schenkten sie ihm eine Flöte und gaben ihm Unterricht. Hans-Jürgen Hufeisen nahm dieses Angebot begierig auf und konnte seine Erfahrungen der frühen Kinderzeit in der Musik umsetzen.

Viele seiner Lieder beginnen bis heute im Dunkeln und werden dann in das Licht hineingeführt. Immer noch begleiten ihn seine zwei Schutzengel, der dunkel Engel und auch der helle. Wichtig ist ihm bis heute ein Kinderlied geblieben, das sie jeden Abend im Kinderheim gesungen haben: *„Breit aus die Flügel beide, oh Jesu meine Freude. Will Satan mich verschlingen, so lass die Englein singen, dies Kind soll unverletzet sein.“*

Danach bekamen die Kinder einen Kuss oder ein Kreuzzeichen auf die Stirn und konnten gut einschlafen. Auf Konzerten spielt bis heute Hans-Jürgen Hufeisen dieses Kinderlied auf seiner Flöte zum Abschied. Dann geht er durch die Reihen der Besucher, so als würde er jeden einzelnen mit dem Lied segnen wollen und sagen: „Gott will auch dein Leben vom Abgrund retten, wie er mein Leben gerettet hat.“

Die Taufe spricht von dieser Rettung aus großer Not. Denn die Menschen werden aus dem Wasser zum Leben heraufgeholt. Und der Fisch spricht von Jesus, der unterwegs war, um Leute zu retten: den Petrus, den Johannes, den Jakobus, später hilflose Kinder wie Hans-Jürgen Hufeisen, und hoffentlich auch dich und mich.

Z.

Wasser hat Kraft

Apostelgeschichte 8,26-39 (6.Sonntag nach Trinitatis)

Empfohlener Taufspruch: *„Nach der Taufe aber beschritt er seinen Weg voll Freude." (Apostelgeschichte 8, 39d)*

Wasser hat Kraft, aber wieviel kann Wasser erreichen? Ein Experiment soll das zeigen. Seitdem Werner von Siemens 1866 den Stromgenerator erfunden hat, kann man Wasser in Strom umwandeln und so seine Kraft bestimmen. Vorher wusste man natürlich auch schon, wieviel Kraft das Wasser hat. Das kann bis heute jeder erfahren, der einmal im Meer von einer Welle erwischt worden ist und kaum noch an Land schwimmen konnte. Da spürt man die Kraft des Wassers sehr direkt und man bekommt Respekt vor der Naturgewalt.

Aber zurück zu unserem Experiment: Wir wollen ja herausfinden, wieviel Kraft das Wasser wirklich hat. Dazu besteigen wir einmal im Geist den Eifelturm in Paris. Der ist 300 Meter hoch. Zum Glück gibt es da einen Aufzug. Denn wir brauchen 100 Eimer Wasser für unser Experiment. Einhundert Eimer Wasser sind ein Kubikmeter Wasser, etwa 10 Badewannen voll. Gut, wenn wir dieses Wasser endlich oben auf den Eifelturm hinaufgeschafft haben, schütten wir es durch ein Fallrohr bis nach unten. Und nun kommt der alte Werner von Siemens ins Spiel, der den Stromgenerator erfunden hat. Ganz unten am Eifelturm schließen wir eine kleine Turbine an unser Fallrohr an, damit das Wasser von oben den Stromgenerator antreiben kann. Also, jetzt kann es endlich losgehen! Eimer für Eimer schütten wir das Wasser von oben runter und lassen es durch die Turbine laufen und gewinnen dabei Strom. Wieviel Kraft wird in diesem Wasser stecken, wieviel Strom kann dadurch gewonnen werden?

Es reicht gerade dafür aus, um einmal mit der Waschmaschine eine Wäsche zu waschen. Na, das könnte man wirklich leichter haben, werden sie jetzt sagen. Da muss ich doch nicht erst 100 Eimer Wasser hochschleppen, um dann ein paar Hosen und Hemden mit der Maschine waschen zu können. Die kann ich gleich mit der Hand in einem Waschbecken sauber machen, das ist viel einfacher.

Klar! Aber uns geht es ja heute darum, die Kraft des Wassers zu beschreiben. Und die ist gewaltig. Sie steckt darin, dass die Sonne mit ihrer Kraft das Wasser auf den Meeren verdunsten lässt und oben in luftiger Höhe Wolken daraus werden. Dann regnet das verdunstete Wasser wieder ab und fließt zurück ins Meer. Genau diese im Wasser gespeicherte Energie nutzt der Mensch, wenn er abfließendes Wasser durch die Turbinen schickt. In Deutschland werden damit 3 Prozent der gesamten Energie gewonnen, die wir im Jahr verbrauchen. Gut, das ist jetzt nicht so viel, weil Deutschland nicht so viele Staudämme hat wie z.B. bei uns der Ederstausee. Aber in Norwegen, wo es viele Fjorde gibt, wird 96 Prozent des Stroms aus Wasserkraftwerken gewonnen, also fast der ganze Strom, der da verbraucht wird. Dort können die Menschen telefonieren, Staub saugen, ihre Haare föhnen oder Fernsehen, weil irgendwo Wasser den Berg runterkommt. Selbst in Österreich wir durch die Wasserkraft noch mehr als die Hälfte des Stromes im gesamten Land gewonnen. Weltweit sichern Wasserkraftwerke immerhin 16 Prozent des Strombedarfes, den die Menschen auf der Erde verbrauchen. Wasser hat viel Kraft.[159]

Doch worin steckt die Kraft des Taufwassers, über das wir heute Morgen sprechen wollen? Klar, bei der Taufe gießt der Pfarrer auch etwas fließendes Wasser über den Kopf des Täuflings. Aber da ist ja kein Generator angeschlossen, damit Strom gewonnen werden kann. Was kann das bisschen Taufwasser denn bei einem Menschen bewirken? Zum Säubern des Täuflings reicht es nicht aus. Das können uns die Mütter erzählen, die ihre kleinen Kinder baden und waschen.

---

[159] Siehe zu diesem Thema unter folgender Internetadresse: http://www.weltderphysik.de/gebiet/technik/energie/energiequellen/erneuerbare-energiequellen/ Thema: Wasserenergie, Artikel vom 14.04.2007

Was also bewirkt die Hand voll Wasser, die der Pfarrer, die Pfarrerin über den Täufling gießt, sei er nun ein kleines Kind oder schon ein Konfirmand oder sogar ein Erwachsener?

Martin Luther beschreibt das im kleinen Katechismus auf folgende Weise:

„*Wasser tut's freilich nicht, sondern das Wort Gottes, das mit und bei dem Wasser ist, und der Glaube, der solchem Worte Gottes im Wasser traut.*“[160]

Das Wasser allein hat bei der Taufe keine Kraft, sagt uns Luther. Wenn wir aus dem Taufwasser Kraft empfangen wollen, dann muss da so etwas wie eine Turbine vorgeschaltet werden. Das ist das Wort von Gott. Dieses Gotteswort ruft uns in der Taufe zu, dass dieses bisschen Wasser zum Zeichen für die Erfrischung der Seele steht. Gott will sie säubern, reinigen, erfrischen und glücklich machen. Wie schafft er das? Indem er uns sagt, dass wir von allem Bösen befreit werden und nun zu ihm gehören. Wir dürfen seine Kinder sein und haben bei Gott einen Schutz für unser ganzes Leben.

Das war es auch, was den Finanzminister aus Äthiopien so fasziniert hat. Der war laut der Apostelgeschichte 8 auf der Suche nach einer Kraft, die sein Leben zum Guten verändern konnte. Deshalb war er nach Jerusalem gekommen, wo der große Tempel der Juden stand. Dort wurden Tiere geschlachtet und als Zeichen für den Neuanfang mit Gott geopfert. Er selbst wollte solch einen Neuanfang wagen, er suchte nach seinem Lebensglück. Aber die Gläubigen ließen ihn nicht in das Innere des Tempels rein, weil er kein Jude war. Er gehörte einfach nicht dazu, die Kraft, die das ganze Leben verändert und erneuert, schien für ihn verloren zu sein.

---

[160] Evangelisches Gesangbuch, Ausgabe für die Evangelische Kirche von Kurhessen und Waldeck, Kassel 1994, Nr. 806.4 „Der kleine Katechismus - Das vierte Hauptstück – Das Sakrament der Heiligen Taufe“

Deshalb kaufte er wenigstens eine biblische Schrift. Er wollte auf diese Weise das Wort von Gott hören, dass ihn froh stimmen konnte. Was er das auf der Rückfahrt nach Äthiopien las, verwirrte ihn nur. Da war im Prophetenbuch des Jesaja vom Gottesknecht die Rede, der gar nichts Böses gemacht hatte und trotzdem viel leiden musste. Der sollte wie ein harmloses Schaf zur Schlachtbank geführt worden sein. Was war das denn für eine seltsame Bibelstelle? Warum schützt Gott nicht den Gerechten und hilft ihm aus der Not, wie es sonst in der Bibel verheißen ist? In dem Moment, wo ihm diese Gedanken durch den Kopf gingen, lief Philippus neben ihm her. Der war ein Anhänger von Jesus und verkündete überall die Kraft Gottes, die Jesus aus dem Tod zu einem neuen Leben gerufen hatte.

„Verstehst du auch, was du da liest?“, fragte Philippus den Äthiopier. Der antwortete: „Wie bitte soll ich das verstehen, wenn es mir keiner erklärt. Komm, steig zu mir in den Wagen herauf und erkläre mir, was da in der Bibel steht!“

Philippus ließ sich nicht lange bitten, stieg in den Wagen ein und erklärte dem hohen Beamten aus Äthiopien, wie mit Jesus von Nazareth der Gerechte erschienen war, von dem schon der Prophet Jesaja einst gesprochen hatte. Auch Jesus musste unschuldig leiden und wurde schließlich von Gott zu einem neuen Leben erweckt. Das war die Kraft der Taufe, die er selbst bei seiner eigenen Taufe durch seinen Cousin Johannes empfangen hatte. Es war eine Kraft, stärker als jedes Meer, eine Kraft, größer als die vielen Gigawatt, die man mit Wasserkraftwerken heute erzeugen kann. Denn diese Kraft Gottes konnte lebendig machen, was tot war. Genau das suchte der Äthiopier. Er wollte diese lebensschaffende Kraft Gottes erfahren. Er wollte seine Sorgen und innere Bedrückung loswerden. Er wollte von ganzem Herzen glücklich sein.

„Was hindert es noch, dass ich mich taufen lasse“, fragte er schließlich Philippus. „Nichts hindert“, sagte dieser und taufte den Äthiopier bei der nächstbesten Wasserstelle.

Als er sich dafür bei seinem Täufer bedanken wollte, war Philippus schon längst von Gott entrückt worden, erzählt uns die Apostelgeschichte. Denn er wollte und sollte anderen von der großen Kraft des Taufwassers predigen, die laut Martin Luther im Glauben an das Wort Gottes liegt, das uns verspricht, dass Gott uns kennt und unseren Weg mitgehen möchte. So zog der Äthiopier glücklich seine Wege. Gott hatte ihn, den Nichtjuden, nicht verstoßen. Er war glücklich, weil er nun um einen wusste, der durch Jesus ihm die Hand reichte, mit ihm lachte und sich freute, wenn es ihm gut erging, mit ihm weinte und trauerte, wenn er Kummer hatte.

An diese Kraft des Taufwassers, an diese himmlischen Gigawatt Lebensenergie wollen wir heute erinnern. Denn Gott gönnt uns das Glück im Leben und reicht uns seine kräftige Hand. Wir müssen sie nur annehmen und mitgehen!

3. Liste empfohlener Taufsprüche

Ein Ziel dieses Buches ist es, Eltern und Großeltern zu ermutigen, in der Bibel nach ausgefallenen Taufsprüchen zu suchen und damit bewusst seinem Kind ein Lebensmotto mit auf den Weg zu geben. Daher habe ich aus den hier verwendeten Predigttexten Bibelverse ausgewählt, die gut als Taufsprüche genutzt werden können. Ich gebe diese geordnet nach den biblischen Büchern (in Anlehnung an die Ordnung der Lutherbibel) in meiner eigenen Übersetzung weiter. Wenn ein biblischer Spruch als Taufspruch für das Kind zusagen sollte, sollte er nochmals mit der in der Familie oder in der Kirche gebräuchlichen Bibelübersetzung verglichen werden, die dann bei einem Taufgottesdienst Anwendung findet.

Bibelstelle	**Empfohlener Taufspruch** in der Übersetzung von G. Lueg	**Seite**
1.Mose 12,2b	Gott spricht: „Ich werde dich segnen und deinem Namen Bedeutung schenken, und du sollst selbst ein Segen sein.“	93
1.Samuelbuch 16,13	Der Geist des Herrn erfüllte sein Inneres von dem Tag (der Salbung) an und weiterhin.	48
Psalm 31,4+9b	Denn du bist mein Fels und meine Burg, und um deines Namen willen leite und führe mich. Du stellst meine Füße auf weiten Raum.	28
Psalm 57,3+4a	Ich schreie zu Gott, dem Höchsten, zu dem Gott, der meine Sache zu einem guten Ende bringt. Er strecke seine Hand vom Himmel aus und komme mir zur Hilfe.	34
Psalm 119,47	Ich habe meinen Spaß/ Vergnügen an deinen Geboten, von denen ich sagen kann, dass ich sie liebe.	76

Psalm 121,7+8	Der Herr behüte dich vor allem Übel, er behüte deine Seele. Der Herr behüte deinen Ausgang und Eingang von nun an bis in Ewigkeit. (Lutherübersetzung)	132
Hesekiel 36,26	Gott spricht: „Ich will euch ein neues Herz schenken und euer Innenleben mit neuer Geisteskraft ausstatten."	6
Amos 5,24	Gott spricht: „Es wälze sich das Recht wie eine Wasserflut heran und die Gerechtigkeit wie ein starkfließender Bach."	22
Matthäus 3,15	Jesus spricht zu Johannes, dem Täufer: „Lass es jetzt zu! Denn das ist der Weg, den Gott zu unserem Heil gehen will."	17
Matthäus 5,4	Glücklich wirst du, wenn die Not der anderen dich berührt. Denn dann wird auch deine Last abgenommen werden.	111
Matthäus 5,37	Lass dein Wort etwas gelten. Wenn du ja sagst, soll es ein Ja sein und wenn du Nein sagst, dann soll es ein klares Nein sein.	112
Matthäus 6,6b	Jesus spricht: „Bete zu deinem Vater, der im Verborgenen ist. Dein Vater, der auch das Verborgene sieht, wird es dir vergelten."	124
Matthäus 6,25	Jesus spricht: „Seid nicht besorgt um euer Leben, was ihr essen und trinken werdet; auch nicht um euren Körper, was ihr anziehen werdet. Ist das Leben nicht mehr als die Speise und der Körper nicht mehr als die Kleidung?"	99
Matthäus 7,24	Jesus spricht: „Ein jeder nun, der diese meine Worte hört und sein Tun danach ausrichtet, der gleicht einem verständigen Menschen, der sein Haus auf Fels baute."	110
Markus 9,23	Jesus spricht: „Alle Dinge sind möglich, dem der da glaubt." (Lutherübersetzung)	132

Lukas 11,9	Jesus spricht: „Bittet und es wird euch gegeben werden; suchet und ihr sollt finden; klopfet an und es wird euch geöffnet werden.“	54
Lukas 12,15	Hütet euch vor jeglicher Form von Habgier, denn selbst wenn jemand überreich daher-kommt, besteht sein Leben nicht in seinem Hab und Gut.	104
Johannes 1,16	Denn aus seiner Fülle haben wir alle genommen Gnade um Gnade.	11
Johannes 6,35	Jesus spricht: „Ich bin das Brot des Lebens. Wer zu mir kommt, der wird keinen Hunger mehr verspüren; und wer an mich glaubt, der wird keinen Durst mehr haben.“	105
Apostelgeschichte 2,42	Sie beschäftigten sich eifrig mit der Unterweisung der Apostel und waren dauernd bedacht auf die Gemeinschaft untereinander, das Brotbrechen und das Gebet.	62
Apostelgeschichte 3,6	Petrus spricht: „Silber und Gold besitze ich nicht; was ich aber habe, das gebe ich dir: Im Namen Jesu Christi aus Nazareth, steh auf und geh umher!“	115
Apostelgeschichte 4,12	Der Apostel Petrus sagt über Jesus: „ Und in keinem anderen liegt die Rettung begründet, auch ist den Menschen unter dem Himmel kein anderer Name gegeben worden, durch den wir gerettet werden sollen.“	146
Apostelgeschichte 8, 39d	Nach der Taufe aber beschritt er seinen Weg voll Freude.	152
Römer 6,4b Erwachsenentaufe	Lasst uns Schritt für Schritt die Wirklichkeit eines neuen Lebens ertasten, wie doch auch Christus längst von den Toten durch die unglaubliche Größe und Macht Gottes auferweckt worden ist.	42

Römerbrief 12,21	Lass dich nicht vom Bösen überwinden, sondern überwinde das Böse mit Gutem. (Lutherübersetzung)	132
1.Korinther 13,11	Haltet Frieden! So wird der Gott der Liebe und des Friedens mit euch sein.	71
1.Korinther 13.13	Die Gnade unseres Herrn Jesus Christus und die Liebe Gottes und die Gemeinschaft des Heiligen Geistes sei mit euch allen!	68
Epheser 2,19	Ihr seid also jetzt nicht mehr Fremde und Heimatlose, sondern ihr seid Mitbürger der Heiligen und Gottes Hausgenossen.	82
Epheser 2,20+21	Ihr seid auf das Fundament der Apostel und Propheten gebaut, in dem Christus Jesus selbst der Schlussstein ist. Durch ihn wird der ganze Bau zusammengefügt und wächst zu einem heiligen Tempel im Herrn.	82
Epheser 6,10	Werdet stark in dem Herrn und in der Kraft seiner Stärke!	135
Epheser 6,17	Nehmt (zu eurer weiteren Verteidigung) auch den Helm des Heils und das Schwert des Geistes, welches ist das Wort Gottes, hinzu.	135
1.Timotheus 1,15b	Jesus Christus kam in die Welt, um Menschen zu retten, die ihr Lebensziel verfehlt haben.	88
2.Timotheus 1,7	Denn Gott hat uns nicht gegeben den Geist der Verzagtheit, sondern der Kraft und der Liebe und der Besonnenheit /Selbstbeherrschung."	121
Jakobus 5,16	„Bekennt einander eure Sünden und betet füreinander, dass ihr gesund werdet. Viel Kraft steckt im Gebet des Gerechten, wenn es mit Energie/innerer Beteiligung vorgebracht wird."	129

4. Abkürzungsverzeichnis

- Anm. – Anmerkung
- Apg - Apostelgeschichte
- Aufl. – Auflage
- Bd. – Band
- Ebd. – Ebenda (an der gleichen Stelle in der Literatur angegeben wie bei der vorausgegangenen Literaturangabe)
- EG – Evangelisches Gesangbuch
- EWNT – Exegetisches Wörterbuch zum Neuen Testament
- Hrsg – herausgegeben
- Jes – Jesaja
- Kor – Korintherbrief
- Lk - Lukasevangelium
- Mt – Matthäusevangelium
- NT – Neues Testament
- Sp. – Spalte im Wörterbuch
- S. - Seite
- So. – Sonntag
- Thess - Thessalonichebrief
- ThWNT - Theologisches Wörterbuch zum Neuen Testament
- Vgl. – vergleiche

5. Literaturverzeichnis

a. Internetadressen

- Irgendetwas stimmt mit Hasi nicht - Immer frisch im Kopf ViO - YouTube
- ViO. Erfrischend natürlich. www.vio.de/de/wasser/
- efraimstochter.de., Abteilung: „Rund um Pippi Langstrumpf – So fing alles an“
- http://www.weltderphysik.de/gebiet/technik/energie/energiequellen/erneuerbare-energiequellen/ Thema: Wasserenergie, Artikel vom 14.04.2007
- https://www.lmz-bw.de/fileadmin/user_upload/Medienbildung_MCO/... ·PDF Datei www.mediaculture-online.de 1 Jean de La Fontaine: Die Grille und die Ameise
- www.justiz-in-mv.de/jantz
- "Verwöhnt!" Wenn Eltern zu Leibeigenen ihrer Kinder werden 12.07.2013, 15:49 Uhr | Simone Blaß, t-online.de
- https://de.wikipedia.org/wiki/Fair_Play
- RESPEKT-Kampagne bei der UEFA EURO 2012 - UEFA.com, zu finden unter folgender Adresse: de.uefa.com/insideuefa/mediaservices/mediareleases/newsid=1806445. html
- Anke Westphal in Spiegel Online vom 18.5.2017, Rezension zum Film „Jahrhundertfrauen“
- www.abenteuerlager-schweden.de/der-verein
- www.hufeisen.com/Der-Kuenstler/Biografie-und-Musik-50260.html
- www.swp.de/reutlingen/lokales/reutlingen/den-wind-und-die-voegel...
- Bertelsmann-Stiftung: Armutsrisiko für Familien höher als angenommen; 7. Februar 2018, 8:12 Uhr Quelle: ZEIT ONLINE, dpa, KNA, AFP spo

- GEOlino-Kinderwerte-Monitor 2010: „Vertrauen“ und „Respekt“ - Unicef *https://www.unicef.de › Informieren › Aktuelles › Presse*

b. Zeitschriften

- Publik Forum 2/2017 ; Publik Forum Nr.10/2017
- DIE ZEIT, 31. 03. 2010: Wozu eine schlechte Kirche gut ist! Von Patrik Schwarz 8. April 2010, 14:37 Uhr; aktualisiert am 23. Mai 2017, 1:13 Uhr
- Waldeckische Landeszeitung vom 23.7.2017
- „Blick in die Kirche - Magazin“, hrsg. vom Landeskirchenamt der Ev. Kirche in Kurhessen und Waldeck, Juni 2017
- Jahresbericht „Brot für die Welt“ 2015, hrsg. Brot für die Welt – Evangelischer Entwicklungsdienst, Ausgabe Juli 2016

c. Bibelausgaben

- Lutherbibel, revidiert 2017, hrsg. von Ev. Kirche in Deutschland, Stuttgart 2016
- Lutherbibel, revidiert 1984, hrsg. von Ev. Kirche in Deutschland, Durchgesehene Ausgabe, Stuttgart 1999
- Bibel „Hoffnung für alle“, 1. Aufl. der revidierten Fassung, Basel 2002
- Gute Nachricht erklärt, hrsg. von den Bibelgesellschaften und Bibelwerken im deutschsprachigen Raum, Stuttgart 1973
- Nestle-Aland: Das Neue Testament – Griechisch und Deutsch, 5. Aufl. Stuttgart 2007
- Die Volx-Bibel, Neues Testament frei übersetzt von Martin Dreyer, 2.Aufl. 2006
- Berger, Klaus und Nord, Christiane: Das Neue Testament und frühchristliche Schriften, 1. Aufl. Frankfurt 1999
- Bibel in gerechter Sprache, hrsg. von Ulrike Bail u.a., 1.Aufl. Gütersloh 2006

d. Weitere verwendete Literatur

- Bauer, Walter: Wörterbuch zum Neuen Testament, Berlin/New York 1971
- Blass/ Debrunner, Grammatik des neutestamentlichen Griechisch, 15. Aufl. Göttingen 1979
- Calwer Bibellexikon, hrsg. v. K. Gutbrod, R. Kücklich und Th. Schlatter, 5.Aufl. Stuttgart 1985
- Diehl, Gaston: Picasso, Mailand, Heidelberg (keine Jahresangabe im Buch zu finden)
- Das Liederbuch zum Umhängen, 3.Auflage Menschenkinder Verlag 1991
- Dithmar, Reinhard (Hrsg.): Fabeln, Parabeln und Gleichnisse. Beispiele didaktischer Literatur, München 1970
- Etymologisches Wörterbuch des Deutschen, hrsg. von Wolfgang Pfeifer, 3.Aufl. München 1997
- Evangelisches Gesangbuch, Ausgabe für die Evangelische Kirche von Kurhessen und Waldeck, Kassel 1994
- EGplus, Beiheft zum Evangelischen Gesangbuch für die Evangelische Kirche in Hessen und Nassau und die Evangelische Kirche von Kurhessen-Waldeck, hrsg. von Christa Kirschbaum und Uwe Maibaum, 1. Auflage Kassel 2017
- Exegetisches Wörterbuch zum Neuen Testament, Band I-III, hrsg. von Horst Balz und Gerhard Schneider, 2. Aufl. Stuttgart, Berlin, Köln 1992
- Gnilka, Joachim, Das Matthäusevangelium, Erster Teil, 1,1-13,58, Sonderausgabe, Herders Theologischer Kommentar zum NT, 3. Aufl. Freiburg/Basel/ Wien 1993
- Hesse, Hermann: Sämtliche Werke, Band 1, Suhrkamp Verlag, Frankfurt/ Main, 2001
- Ideenbörse Sonntagspredigt, hrsg. von Eckhard Lade, Heft 27/2002
- Theologisches Wörterbuch zum Neuen Testament, hrsg. von G. Friedrich, Stuttgart 1966
- Wilhelm Willms, Mitgift* eine Gabe, mitgegeben in die Ehe © 1996 Butzon & Bercker GmbH, Kevelaer, 10. Aufl .
- Ulrich Wilkens, Das Evangelium nach Johannes, 17.Aufl. Göttingen 1998

Printed by Books on Demand GmbH, Norderstedt / Germany